Laura Incalcaterra-McLoughlin, Luisa Pla-Lang, Giovanna Schiavo-Rotheneder

Italiano per economisti

collana "Italiano per specialisti"

a cura di Ciro Massimo Naddeo

ALMA

ALMA Edizioni - Firenze

Progetto grafico e impaginazione: **Andrea Caponecchia**

Illustrazioni: **Luigi Critone**

Le sezioni C, D (unità 1, es. 10-18), E (unità 3) e il glossario (lettere a-g) sono opera di Laura Incalcaterra-McLoughlin. Le sezioni B, D (unità 2), E (unità 1) e il glossario (lettere h-p) sono opera di Luisa Pla-Lang. Le sezioni A, D (unità 1, es. 1-9), E (unità 2) e il glossario (lettere q-z) sono opera di Giovanna Schiavo-Rotheneder.

Per comunicare con le autrici
Laura Incalcaterra-McLoughlin: laura.mcloughlin@nuigalway.ie
Luisa Pla-Lang: lgel74@yahoo.it
Giovanna Schiavo-Rotheneder: g.schiavo@aon.at

Stampa: La Cittadina, azienda grafica - Gianico (BS)
www.lacittadina.it

Printed in Italy

ISBN 88-86440-68-5

Alma Edizioni
Viale dei Cadorna, 44
50129 Firenze
tel ++39 055476644
fax ++39 055473531
info@almaedizioni.it
www.almaedizioni.it

Indice

Introduzione

Cos'è *Italiano per economisti*

Italiano per economisti è un testo di lingua settoriale per stranieri che rientra nel progetto *Italiano per specialisti*, la collana di Alma Edizioni dedicata all'insegnamento dei linguaggi specialistici.
Il testo nasce da anni di esperienza nel campo dell'insegnamento dell'italiano economico/commerciale presso le università di Dresda (LSK TU-Dresden), Galway (National University of Ireland, Galway) e Vienna (Fachhochschule des BFI Wien), e quindi dal contatto quotidiano con studenti e professori di economia, oltre che da un'approfondita ricerca svolta in collaborazione con operatori del settore che hanno fornito una consulenza specialistica.
Si tratta infatti di un volume destinato non solo a studenti di economia, ma anche a professionisti stranieri che intendono operare in territorio italiano e che necessitano di una padronanza della lingua che permetta di andare al di là della compilazione di lettere commerciali e fatture.
Proprio per questo vengono affrontati argomenti utili sia per l'imprenditore che desidera fondare un'azienda (si veda per esempio la sezione sulle strategie di marketing), sia per lo studente che si occupa di globalizzazione.
Dalla scelta di questo ampio target e dal connubio di teoria e pratica è scaturita la scelta dei 5 argomenti che costituiscono le 5 sezioni in cui è suddiviso il libro, e cioè:

- imprese e società
- contratti e fatture
- banche e investimenti
- business plan e marketing
- e-commerce e globalizzazione

Ogni sezione è un'unità didattica a sé stante, che affronta argomenti classici dell'economia, ma anche temi di grande attualità che fino ad ora non sono stati molto trattati nei libri di italiano L2.

Come sono strutturate le sezioni

Le 5 sezioni sono suddivise al loro interno in unità. La tipologia di esercizi è varia e soprattutto mirante al fissaggio della terminologia del lessico economico, mentre la grammatica è presente esclusivamente in forma di rafforzamento e di ripasso. Prerequisito per l'utilizzo di questo testo è infatti una conoscenza intermedia della lingua italiana.
La grande varietà di attività permette l'uso di questo testo sia in autoapprendimento che in classe, considerata anche la struttura non vincolante di esso.
Molta importanza è stata data anche all'aspetto ludico dell'apprendimento, secondo la convinzione, sostenuta anche da recenti studi didattici, che una lingua, ad ogni livello, si apprenda meglio divertendosi.

Classificazione degli esercizi

Le diverse tipologie presenti nel libro sono articolate come segue:

- **ipotizzare** (attività di introduzione alla lettura)
- **leggere** (brani e testi autentici tratti dalla stampa quotidiana e periodica, siti internet, ecc.)
- **capire** (attività di comprensione del testo, come il vero o falso, le domande, ecc.)
- **analizzare** (attività di lettura analitica grammaticale o lessicale riguardanti normalmente il brano appena letto)

- **comprendere la terminologia economica** (esercizi di comprensione del lessico come "abbina", "trova", ecc.)
- **fissare la terminologia economica** (cloze o altri esercizi posti alla fine della sequenza che servono a rinforzare il lessico precedentemente presentato)
- **riflettere sulla lingua** (attività di riflessione morfosintattica)
- **sai coniugare?** (esercizio di coniugazione)
- **esercizio su...** (esercizi su argomenti di grammatica diversi dalla coniugazione, per esempio sul congiuntivo, su costruzioni sintattiche particolari, ecc.)
- **scrivere** (produzione scritta)
- **parlare** (produzione orale)

Materiali supplementari

All'inizio del volume viene proposta una sezione di *Strategie di lettura e tecniche di memorizzazione del lessico*, che fornisce strumenti utili per l'autoapprendimento. In fondo al volume si trovano invece una lista con la traduzione dei termini di resa merce, conosciuti come *Incoterms*, una lista di *Siti internet di argomento economico*, utilizzabili per eventuali approfondimenti sui diversi argomenti trattati nel testo e quindi strumento ulteriore per l'autoapprendimento, e un *Glossario dei termini economici* che compaiono nel libro. Essi sono elencati in ordine alfabetico con il termine seguito dal numero dell'esercizio in cui appare per la prima volta e dalla definizione. Le *Soluzioni* di tutti gli esercizi completano il volume.

Bibliografia

Balboni, P.E., *Le microlingue scientifico-professionali*, UTET, Torino, 2000; Sabbadini, S. - Mazzucchelli, M. (a cura di), *Tutto economia aziendale*, Istituto Geografico De Agostini, Novara, 2001; Scheuch F., *Marketing*, Verlag Franz Vahlen, München, 1986; Bussetti, G. - Tabozzi, R. (a cura di), *Dizionario dei termini economici*, BUR Dizionari Rizzoli, 1988; *Enciclopedia dell'Economia*, Garzanti, 1992.

Ringraziamenti

Un particolare ringraziamento va al Dott. Hannes Rotheneder per la preziosa consulenza tecnica e la dettagliata revisione. Si ringraziano inoltre per i diversi chiarimenti tecnici Antonella Sacchi, Maria Cristina del Gobbo, Silvia Serena e Ubaldo Schiavo e per la consulenza didattica Massimo Naddeo e Luciana Ziglio.
Ai nostri studenti va un grazie particolare per la disponibilità dimostratata durante il testing in classe, che è stato di fondamentale importanza per la stesura del testo.

Le autrici

Strategie di lettura e tecniche di memorizzazione del lessico

Strategie di lettura e tecniche di memorizzazione del lessico

Nella lettura di testi specialistici, come ad esempio quelli proposti in questo libro, ti capiterà sicuramente di incontrare espressioni dal significato incomprensibile o poco chiaro che potrebbero compromettere la comprensione del testo o essere difficili da memorizzare. Obiettivo di questa sezione è: 1. illustrare un metodo per la lettura di testi specialistici, l'**SQ3R** elaborato da Robinson nel 1970[1] e adattato ai fini di una lettura per scopi specifici; 2. suggerire alcune **tecniche di memorizzazione** del lessico specialistico[2].

1. Il metodo SQ3R applicato ai testi specialistici

SQ3R significa: **S**urvey (osservazione), **Q**uestions (domande), **R**ead (leggere), **R**ecite (ripetere ad alta voce), **R**eview (revisione). Si divide in tre fasi:

Fase 1 - Prima della lettura

1.1 S = Survey.

- Prima di leggere il testo, osserva il titolo, il sottotitolo, le prime e le ultime frasi dei paragrafi, e i paragrafi che servono da introduzione o riassunto.

1.2 Q = Questions.

- Durante la fase di pre-lettura prova a trasformare i titoli e sottotitoli in domande e cerca di trovare le risposte sulla base delle conoscenze che già hai.

Fase 2 - Durante la lettura

2.1 R = Read.

- Durante la lettura cerca le risposte alle domande scritte durante le fasi **S** e **Q**.
- Riguarda attentamente immagini, grafici, disegni…
- Evidenzia tutte le parole in **grassetto**, *corsivo* o <u>sottolineate</u>.
- Riduci la velocità di lettura.
- Fermati e rileggi le parti che non ti sono chiare.

Durante la lettura potresti incontrare alcuni problemi di comprensione. Di seguito trovi alcune tecniche che potresti applicare nella maggior parte dei casi.

Problema: non conosco una parola. **Tecnica:** chiediti innanzi tutto se quella parola è veramente una parola "difficile", cioè una parola-chiave, talmente importante che ti impedisce di andare avanti nella lettura. Se è così, prima di ricorrere al dizionario che, nel caso dei linguaggi specialistici, è uno strumento difficile da usare, osserva il contesto e chiediti: conosco le parole che precedono o seguono quest'espressione? Posso ipotizzare un possibile significato sulla base di altre informazioni del testo che già capisco?

Problema: non capisco un termine. **Tecnica:** osserva la struttura del termine e chiediti: la parola è formata da altre parole o parti di parole (prefissi, suffissi) che conosco? Deriva da un verbo o da un aggettivo che conosco?

Problema: conosco un significato, ma non sembra applicabile o conosco diversi significati ma non so quale applicare. **Tecnica:** scegli o adatta il significato che più si accorda con il contesto.

Problema: non so a chi o a che cosa si riferisce l'espressione, o con quali altre informazioni ne va completato il senso. **Tecnica:** cerca le informazioni necessarie rileggendo quanto precede e/o proseguendo nella lettura.

Problema: il significato che conosco non è sufficiente per chiarire il senso in questo caso. **Tecnica:** considera bene il contesto e l'argomento trattato e richiama alla mente le tue conoscenze in proposito.

Fase 3 - Dopo la lettura

3.1 R = Recite.

- Durante la lettura cerca l'idea centrale contenuta in ogni paragrafo e prendi appunti/riassumila utilizzando i termini specialistici a fianco.
- Ripeti a voce alta, riutilizzando i termini specialistici, il riassunto di ogni sezione.

3. 2 R = Review.

- Verifica da solo se hai capito il testo, cerca di rispondere alle domande della fase **Q**.
- Scrivi una scaletta dei punti più importanti. Organizza un riassunto.

2. Tecniche di memorizzazione del lessico

Chi impara una lingua spesso non sa come memorizzare le parole nuove e che continuano ad aggiungersi a quelle già conosciute. Ecco alcune tecniche utili.

Parole a gruppi. Le parole si ricordano meglio a gruppi che non singolarmente. È perciò utile costruire blocchi di parole che si possono prendere come "strutture già pronte per l'uso" all'interno della frase. I gruppi possono essere costituiti da verbo + sostantivo, o sostantivo + aggettivo, ecc. (es. emettere un assegno, capitale sociale).

Parole in famiglia. Può essere utile costruire una "famiglia" di parole, cioè parole aventi la stessa radice (es. amministrare, amministrazione, amministratore).

Frase di esempio o definizione in lingua. Scrivere le parole all'interno di una frase può aiutare a ricordarne il significato o le peculiarità di utilizzo. La frase può provenire dal dizionario o da una lettura (es. La società stipula un contratto…). Una variante consiste nello scrivere una vera e propria definizione della nuova parola, presa da un dizionario monolingue o inventata.

Sinonimi e i contrari. Spesso le parole si ricordano bene "a coppie", cioè memorizzando parole che abbiano un significato simile o opposto (es. azienda/ditta, creditore/debitore).

Immagini. Alcune parole si registrano meglio attraverso le figure, perché traduzioni e definizioni risultano troppo complesse e laboriose. È utile quindi disegnare personalmente o cercare le figure altrove, ritagliarle e incollarle.

Daniela Forapani[3]

note

1: *www.iss.stthomas.edu/studyguides/texred2.htm.* Vedi anche Mariani, L., *Strategie per imparare,* Zanichelli, Bologna, 1990, p. 19.
2: Scott-Monkhouse, A., *Not just words! Learner Training and Organised Vocabulary Learning,* in, *Resources* 2, Eli, Recanati, 2002, p. 5-8 (traduzione a cura dell'autrice).
3. Daniela Forapani dirige il Centro Linguistico dell'Università di Parma e si occupa di glottotecnologie e di didattica delle microlingue scientifico-professionali.

Sezione A
Imprese e società

- 1. L'azienda
- 2. Le forme giuridiche delle società
- 3. Caratteristiche delle società
- 4. Struttura organizzativa dell'azienda

L'azienda

1 Ipotizzare

Questo "Manifesto" (tratto dal sito www.managerzen.it) elenca gli scopi e le caratteristiche di un'azienda Zen. Tre affermazioni però non sono vere: quali?

Manifesto di un'azienda zen

1. Produce merci e servizi utili alla società. ☐
2. Rispetta le persone, l'ambiente, gli animali... ☐
3. Il suo organico è composto per almeno il 50% da donne. ☐
4. I dipendenti sono persone e non numeri. ☐
5. Ha buon senso. ☐
6. È affidabile. ☐
7. È divertente. ☐
8. Quando può, non impone orari rigidi. ☐
9. Sa ascoltare. ☐
10. Cerca di imparare dagli errori. ☐
11. Cerca cause e non colpe. ☐
12. Non fa mai pubblicità. ☐
13. Chiede ai collaboratori di dare il meglio di sé. ☐
14. Dà fiducia ai collaboratori. ☐
15. Ha obiettivi e ideali espliciti e chiari. ☐
16. Spende parte degli utili in progetti umanitari. ☐
17. Gestisce il patrimonio dei soci in modo razionale e creativo. ☐
18. Ha almeno una filiale in un Paese del Terzo Mondo. ☐

2 Parlare

Secondo te, quali caratteristiche deve avere l'azienda "ideale"? Pensa ad almeno 5 caratteristiche e poi parlane con un compagno.

3 Comprendere la terminologia economica

Trova nel testo dell'esercizio 1 le espressioni corrispondenti ai significati (sono in ordine di apparizione).

espressione del testo	significato
a.	prodotti commerciali
b.	lo staff, il gruppo di persone che costituisce il personale di un'azienda
c.	impiegati, occupati, persone che lavorano in un'azienda
d.	persone che lavorano insieme ad un progetto
e.	scopi, finalità
f.	amministra
g.	i proprietari della società
h.	società "figlia" di una società "madre" più grande

4 Scrivere

Come giudichi questo Manifesto Zen? Scrivi almeno tre aggettivi che lo definiscono.

5 Analizzare

Confronta adesso queste due frasi e spiega i diversi significati della parola "utili".

a. Produce merci e servizi **utili** alla società.

b. Spende parte degli **utili** in progetti umanitari.

6 Riflettere sulla lingua

La parola "utile" è maschile o femminile?

	maschile	femminile
l'utile - gli utili	☐	☐

7 Sai coniugare?

produrre

io ____________
tu ____________
lui/lei/Lei *produce*
noi ____________
voi ____________
loro ____________

Come *produrre* si coniugano tutti i verbi con l'infinito in *-urre*: *condurre*, *ridurre*, *tradurre*, ecc.

8 Leggere

L' "Azienda Zen" non è naturalmente un termine giuridico. Questa è invece la definizione di "azienda" data dal Codice Civile italiano.

Art. 2555 L'azienda è il complesso di beni organizzati dall'imprenditore per l'esercizio dell'impresa.

Lo sapevi?

In Italia l'insieme di leggi che regolano i rapporti giuridici privati si chiama Codice Civile. Il Codice Civile contiene leggi che riguardano la famiglia, la successione, la proprietà, i contratti e il lavoro. L'abbreviazione Art. seguita da un numero indica l'articolo del Codice a cui si fa riferimento.

9 Comprendere la terminologia economica

Scegli il significato giusto per ogni espressione.

1. il complesso:
a. l'insieme ☐
b. la maggior parte ☐
c. una percentuale ☐

2. beni:
a. iniziative umanitarie ☐
b. macchinari ☐
c. proprietà, averi ☐

3. imprenditore:
a. venditore di prodotti importati dall'estero ☐
b. specialista in economia aziendale ☐
c. persona che esercita un'attività economica ☐

4. impresa:
a. negozio ☐
b. attività economica produttiva ☐
c. insieme di leggi economiche e finanziarie ☐

10 Fissare la terminologia economica

Ricostruisci la definizione di "azienda".

beni **complesso** **esercizio** **imprenditore** **impresa** **organizzati** **per**

L'azienda è il ____________ di ____________ ____________

dall'____________ ____________ l'____________ dell'____________.

Le forme giuridiche delle società

1 Parlare

Conosci qualche forma giuridica di società italiane, come per esempio la SpA (Società per azioni)?

2 Ipotizzare

Quali di queste sigle possono far parte del nome di una società italiana?

- **Srl**
- **SmbA**
- **Sas**
- **GmbH**
- **VOF**
- **SpA**
- **Ltd**
- **Snc**
- **BV**
- **AG**
- **OHG**

3 Ipotizzare

Come abbiamo detto, l' "Azienda Zen" non è un termine giuridico. Secondo te, quali di queste definizioni sono invece giuridicamente valide?

a. società cooperativa ☐
b. società per azioni ☐
c. società moderna ☐
d. azienda razionale e dinamica ☐
e. società a responsabilità ristretta ☐
f. società a responsabilità limitata ☐

4 Comprendere la terminologia economica

Ora abbina le sigle delle società alle loro forme giuridiche.

sigla	significato
1. SpA	a. Società a responsabilità limitata
2. SapA	b. Società in accomandita semplice
3. Srl	c. Società per azioni
4. Sas	d. Società in nome collettivo
5. Snc	e. Società in accomandita per azioni

5 Leggere

Leggi il testo.

In Italia esistono le aziende individuali, che appartengono ad un solo proprietario, le imprese familiari, che appartengono ad una famiglia, e le società.
Quando decidono di fondare un'azienda i futuri soci scelgono il tipo di società in base all'attività da esercitare, alle dimensioni della nuova azienda, alla futura partecipazione agli utili, ecc.
Il Codice Civile Italiano prevede i seguenti tipi di società:

Società di persone ⇨
- società semplici
- società in nome collettivo
- società in accomandita semplice

Società di capitali ⇨
- società per azioni
- società in accomandita per azioni
- società a responsabilità limitata

Società cooperative ⇨
- società cooperative a "mutualità prevalente"
- società cooperative ordinarie

6 Capire

Rispondi alle domande.

1. Come si chiamano le società che hanno un solo proprietario?
2. Come si chiamano le società che appartengono a una famiglia?
3. In base a cosa si sceglie il tipo di società?
4. Dove sono elencati i vari tipi di società?

Lo sapevi?

Nel linguaggio comune "impresa" e "azienda" sono spesso usati come sinonimi.

7 Comprendere la terminologia economica

Nel testo dell'esercizio 5 c'è un'espressione che significa "creare un'impresa", "costituire una società". Qual è?

8 Sai coniugare?

appartenere

io ______________
tu ______________
lui/lei/Lei ______________
noi ______________
voi ______________
loro *appartengono*

Come *appartenere* si coniugano tutti i verbi con l'infinito in *-tenere*: *mantenere*, *ritenere*, *contenere*, ecc.

9 Fissare la terminologia economica

Completa il testo con le parole della lista (i verbi devono essere coniugati).

appartenere - azienda - azienda - azienda - azioni - familiare - fondare - fondare - partecipazione - produrre - produrre - responsabilità

Quest'anno il premio "Manager di successo" va a Tano Coppola. Tano Coppola comincia a lavorare già da bambino nell' ______________ del padre, la *Coppola & Figli*. La *Coppola & Figli* è una piccola società a conduzione ______________, che ______________ borse in pelle. Anche se l'______________ del padre è molto piccola, Tano dice sempre che è stata un'ottima scuola per lui.
Alla morte del padre, il nostro manager dell'anno decide di prendere la sua piccola parte di eredità e di emigrare al Nord.
Dopo pochi anni usa i soldi dell'eredità e ______________ insieme ad un amico la *Nonsoloborse*, una piccola società a ______________ limitata che produce ed esporta accessori in pelle.
Dopo poco tempo, in seguito a disaccordi sulla ______________ agli utili, i due amici decidono di separarsi e di creare ognuno una società propria.
Tano ______________ così una società per ______________ che ______________ articoli in pelle su grande scala (la *Pelli Tano Spa*).
Il resto della storia è noto: in pochi anni la sua ______________ si è trasformata in un impero, a cui ______________ diverse società minori. Oggi il marchio della *Pelli Tano* è conosciuto in tutto il mondo.

10 Fissare la terminologia economica

Ricordi quali sono le società di persone, quali le società di capitali e quali le società cooperative? Completa la tabella come nell'esempio.

	a. Società di persone	b. Società di capitali	c. Società cooperative
1. Società semplici	X		
2. Società cooperative a mutualità prevalente			
3. Società in nome collettivo			
4. Società per azioni			
5. Società in accomandita per azioni			
6. Società in accomandita semplice			
7. Società a responsabilità limitata			
8. Società cooperative ordinarie			

Caratteristiche delle società

1 Leggere

Completa il testo con le denominazioni dei diversi tipi di società, come negli esempi.

Società a responsabilità limitata (S.r.l.)

~~Società semplici~~ (S.s.)

Società in accomandita semplice (S.a.s.)

Società cooperative ordinarie

Società in ~~accomandita per Azioni~~ (S.a.p.A.)

Società in nome collettivo (S.n.c.)

Società ~~cooperative a "mutualità~~ prevalente"

Società per Azioni (S.p.A.)

Società di persone

Nelle società di persone almeno un socio deve avere responsabilità illimitata. Responsabilità illimitata significa che i soci rispondono anche con il loro capitale privato se il patrimonio sociale non basta a pagare i debiti della società.
Le società di persone si suddividono in:

a) ***<u>Società semplici (S.s.)</u>***. Le società semplici non esercitano attività commerciali.

b) ________________________. Questo tipo di società viene fondata da almeno due persone che rispondono con il loro capitale privato per i debiti della società (responsabilità illimitata). La loro responsabilità è anche solidale. Responsabilità solidale significa che ogni singolo socio è responsabile per tutti i debiti della società.

c) ________________________. Questa società comprende due tipi di soci: i soci accomandatari e i soci accomandanti. I soci accomandatari hanno responsabilità illimitata e solidale. I soci accomandanti rispondono invece limitatamente, cioè i creditori non possono agire sul loro capitale privato.

Società di capitali

La società di capitali è una persona giuridica. Questo significa che l'azienda è responsabile per tutti i debiti accumulati. Tutti i soci rispondono limitatamente, cioè i creditori non possono agire sul loro capitale privato.

continua

Le società di capitali si suddividono in:

a) _________________________. In queste società il capitale sociale è suddiviso in quote di identico valore chiamate azioni.

b) ***Società in accomandita per azioni (S.a.p.A.)***. Nella società in accomandita per azioni ci sono due tipi di soci: i soci accomandanti, che rispondono solo con il capitale che hanno speso per comprare le azioni, e i soci accomandatari, che hanno responsabilità illimitata. Il capitale sociale è suddiviso in azioni.

c) _________________________. In questo tipo di società ogni socio possiede delle quote sociali che non possono essere rappresentate da azioni e che devono avere un valore minimo di un Euro. Il capitale sociale minimo deve essere di 10.000 Euro.

Società cooperative

Le società cooperative hanno principalmente uno scopo mutualistico (cioè di aiuto reciproco tra i soci). La cooperativa è costituita da soci che si riuniscono per soddisfare un bisogno comune.
Le società cooperative si suddividono in:

a) ***Società cooperative a "mutualità prevalente"***. In queste società i soci devono rappresentare almeno il 50% +1 dei dipendenti della cooperativa.

b) _______________________________. In queste società i soci non devono rappresentare una percentuale prestabilita dei dipendenti.

2 Capire

Scegli la risposta giusta.

1. Che cosa significa avere responsabilità illimitata?
- a. I soci pagano i debiti anche con i loro soldi. ☐
- b. I soci pagano i debiti solo con i soldi della società. ☐
- c. Il capitale dei soci è rappresentato da azioni. ☐

2. In quale società ci sono soci con responsabilità solidale?
- a. Nelle società in accomandita semplice e nelle società semplici. ☐
- b. Nelle società in nome collettivo e nelle società in accomandita semplice. ☐
- c. Nelle società in nome collettivo e nelle società per azioni. ☐

3. Come si chiamano le società che non svolgono attività commerciali?
- a. Società semplici. ☐
- b. Società di capitali. ☐
- c. Società in nome collettivo. ☐

4. Quali società sono "persone giuridiche"?
- a. Le società semplici. ☐
- b. Le società di persone. ☐
- c. Le società di capitali. ☐

5. Qual è il valore minimo del capitale sociale di una società a responsabilità limitata?
- a. Non c'è un valore minimo. ☐
- b. 10.000 euro. ☐
- c. 1 euro. ☐

6. Qual è il carattere principale delle società cooperative?
- a. L'unione e l'aiuto reciproco tra i soci per realizzare un obiettivo comune. ☐
- b. La richiesta di soldi in prestito alle banche attaverso un mutuo. ☐
- c. L'assunzione del 50% dei dipendenti. ☐

3 Comprendere la terminologia economica

Abbina le espressioni del testo al significato giusto.

riga n.	espressione del testo	significato
2	a. rispondono	1. prezzo, costo
3	b. debiti	2. persone che devono avere dei soldi da qualcuno
6	c. esercitano	3. necessità
16	d. creditori	4. quantità di denaro da restituire a una persona, a una banca, ecc.
27	e. quote	5. garantiscono
27	f. valore	6. ha
34	g. possiede	7. svolgono, fanno
43	h. bisogno	8. parti di una quantità (di denaro o altro)

4 Parlare

Ci sono differenze con il tuo Paese? Per esempio, ci sono tipi di società italiane che nel tuo Paese non esistono e viceversa? Parlane con un compagno e poi con il resto della classe.

5 Comprendere la terminologia economica

Nel testo dell'esercizio 1 ci sono due parole che significano "quantità di denaro e di beni". Quali sono?

1. ____________________ 2. ____________________

6 Comprendere la terminologia economica

Trova nel testo dell'esercizio 1 il contrario di ogni espressione.

espressione del testo	contrario nel testo
capitale sociale	1.
illimitata	2.
accomandatari	3.
crediti	4.

7 Esercizio sulle preposizioni

Scegli la preposizione giusta.

1. Le aziende individuali possono appartenere ***a/di/per*** un solo proprietario.

2. I creditori agiscono ***nel/sul/al*** capitale privato dei soci ***per/con/di*** responsablità illimitata quando il patrimonio sociale dell'azienda non basta ***di/nel/a*** pagare i debiti.

3. Nelle Snc i soci rispondono ***con il/per il/nel*** loro capitale privato ***per i/ai/con i*** debiti della società.

4. La società di capitali è una persona giuridica, cioè l'azienda è responsabile ***a/per/su*** tutti i debiti accumulati.

5. In una società per azioni il capitale sociale è suddiviso ***in/con/su*** quote ***a/per/di*** identico valore chiamate azioni.

Struttura organizzativa dell'azienda

1 Comprendere la terminologia economica

Caccia all'intruso! Elimina dalla lista le figure che non fanno parte del personale di un'azienda.

l'acquirente

l'impiegato

il direttore

il creditore

il cliente

il corriere

la segretaria

l'usciere

2 Leggere

Scegli il titolo giusto per questo testo.

a. Struttura organizzativa delle Società per Azioni in Italia

b. Struttura organizzativa delle aziende italiane

c. Struttura organizzativa delle piccole e medie imprese

d. Struttura grafica dell'organizzazione aziendale in Italia

Ogni azienda ha bisogno di una persona o di un gruppo di persone in grado di prendere decisioni e di dirigere l'impresa.
Nelle imprese piccole e medie l'imprenditore assume il governo economico dell'azienda.
Le grandi aziende invece hanno una struttura organizzativa più complessa e organi societari con compiti ben definiti. Per legge, le società per azioni devono scegliere uno dei seguenti modelli amministrativi:

- il modello tradizionale o "classico", che prevede un consiglio di amministrazione (Cda) o un amministratore unico e un collegio sindacale. Il collegio sindacale è l'organo di controllo;
- il modello "dualistico", che prevede un consiglio di gestione e un consiglio di sorveglianza. Il consiglio di sorveglianza ha funzioni di controllo;
- il sistema "monastico" che prevede un unico organo: il consiglio di amministrazione (o Cda), che gestisce la società e redige il bilancio. All'interno del Cda c'è poi un comitato di controllo.

Le società a responsabilità limitata, invece, non sono obbligate a seguire un modello prestabilito.
Nelle aziende esiste poi una struttura organizzativa che stabilisce i compiti e le responsabilità dei singoli uffici e reparti. In forma grafica, questa struttura è rappresentata dall'organigramma[1].

Riflettere sulla lingua

Nota bene!

l'organigramma - gli organigrammi

è MASCHILE come *il telegramma*, *il problema*, *il diagramma*, *il teorema*, ecc.

3 Capire

Vero o falso? Rispondi con una X.

	vero	falso
1. Il consiglio di amministrazione è un organo presente in tutte le imprese, di qualsiasi dimensione.	☐	☐
2. La legge stabilisce che una società per azioni può scegliere tra tre modelli organizzativi.	☐	☐
3. Il collegio sindacale ha il compito di controllare le attività della società.	☐	☐
4. Per legge, le Srl seguono un solo modello organizzativo.	☐	☐
5. L'organigramma è la rappresentazione grafica della struttura organizzativa dell'azienda.	☐	☐

4 Comprendere la terminologia economica

Scegli il significato giusto per ogni espressione.

1. in grado di *(riga 1)*:

a. con lo stesso grado di ☐ b. capace di ☐ c. allo scopo di ☐

2. per legge *(riga 6)*:

a. secondo la legge ☐ b. come si legge ☐ c. per finire ☐

5 Comprendere la terminologia economica

Osserva le frasi e poi scegli la risposta giusta.

1. Nelle imprese piccole e medie l'imprenditore *assume* il *governo economico dell'azienda*.
Che cosa significa: *assumere il governo economico dell'azienda*?

a. Prendere tutte le decisioni economiche. ☐
b. Assumere nuovi impiegati. ☐
c. Mettersi in contatto con il governo dello Stato. ☐

2. Il consiglio di amministrazione gestisce la società e *redige il bilancio*. Che cosa significa: *redigere il bilancio*?

a. Pianificare i pagamenti. ☐
b. Organizzare un lancio pubblicitario. ☐
c. Preparare il budget dell'azienda. ☐

6 Sai coniugare?

	scegliere
io	____________
tu	____________
lui/lei/Lei	*sceglie*
noi	____________
voi	____________
loro	*scelgono*

Come *scegliere* si coniugano tutti i verbi con l'infinito in *-gliere*: *cogliere*, *sciogliere*, *togliere*, ecc.

7 Parlare

Quali organi direttivi esistono nelle società per azioni del tuo Paese? Parlane con i compagni.

8 Capire

Guarda questa pagina web e poi rispondi alla domanda.

Aeroporto Internazionale di Napoli

la società di gestione

il gruppo Gesac | Organigramma Aziendale | Storia, fatti, curiosità | il piano di sviluppo | Privacy Policy

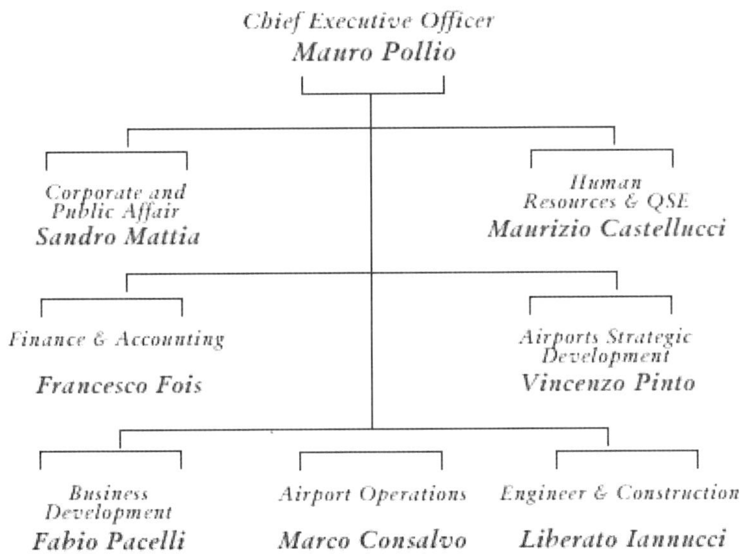

(tratto da: www.gesac.it)

Su quale pagina web abbiamo cliccato?

a. Il gruppo Gesac. ☐
b. Organigramma Aziendale. ☐
c. Storia, fatti e curiosità. ☐
d. Il piano di sviluppo. ☐
e. Privacy Policy. ☐

9 Leggere

Leggi il testo.

Come è strutturata un'azienda? Quali sono le figure più importanti? Chi è responsabile di determinate decisioni e si assume le responsabilità?
In ogni azienda, piccola o grande, è sempre possibile vedere chi fa cosa e chi decide cosa.
Lo strumento che ci permette tutto ciò è l'organigramma, cioè la rappresentazione grafica della struttura organizzativa di un ufficio, di un'azienda, ecc.
L'organigramma è un disegno con i nomi delle persone che lavorano in un'azienda, disposti in posizione diversa a seconda del ruolo che hanno e delle mansioni che svolgono.
All'interno di un organigramma troviamo organi di line e organi di staff.
I primi sono gli organi con responsabilità decisionale: gli organi di line prendono tutte le decisioni per raggiungere gli obiettivi aziendali. I secondi sono costituiti, al contrario, dall'insieme delle persone che hanno funzione consultiva e di supporto per le attività degli organi di line.
Facciamo qualche esempio: il direttore commerciale e il responsabile delle spedizioni sono organi di line, mentre il responsabile delle pubbliche relazioni e i fiscalisti sono organi di staff.
Oltre ai punti stabiliti dalla legge, la struttura dell'organigramma è libera: ogni azienda decide il proprio organigramma in base alle proprie esigenze.

(adattato da: www.aziendenews.it)

10 Comprendere la terminologia economica

Trova nel testo dell'esercizio 9 le espressioni corrispondenti ai significati.

riga	espressione del testo	significato
1-8	a.	prende su di sé
	b.	funzione
	c.	compiti
9-16	d.	di decisione
	e.	scopi
	f.	di opinione, di consulenza
	g.	aiuto
	h.	esperti di leggi sulle tasse

11 Fissare la terminologia economica

Ricostruisci le definizioni dei tre termini economici usando le parole della lista.

che prendono - con - decisioni relative agli - della - funzione consultiva - obiettivi aziendali - persone - persone - rappresentazione grafica - struttura organizzativa aziendale

a. Organigramma = ______________________________

b. Organi di line = ______________________________

c. Organi di staff = ______________________________

12 Fissare la terminologia economica

Completa il testo con le espressioni della lista.

un'azienda - consultiva - decisionale - gli obiettivi - i fiscalisti - l'organigramma - mansioni - organi - si assume - ruolo

Come è strutturata un'azienda? Quali sono le figure più importanti? Chi è responsabile di determinate decisioni e ______________ le responsabilità?
In ogni azienda, piccola o grande, è sempre possibile vedere chi fa cosa e chi decide cosa.
Lo strumento che ci permette tutto ciò è ______________, cioè la rappresentazione grafica della struttura organizzativa di un ufficio, di ______________, ecc. L'organigramma è un disegno con i nomi delle persone che lavorano in un'azienda, disposti in posizione diversa a seconda del ______________ che hanno e delle ______________ che svolgono.
All'interno di un organigramma troviamo organi di line e organi di staff.
I primi sono gli organi con responsabilità ______________: gli organi di line prendono tutte le decisioni per raggiungere ______________ aziendali. I secondi sono costituiti, al contrario, dall'insieme delle persone che hanno funzione ______________ e di supporto per le attività degli ______________ di line.
Facciamo qualche esempio: il direttore commerciale e il responsabile delle spedizioni sono organi di line, mentre il responsabile delle pubbliche relazioni e ______________ sono organi di staff.

13 Completare

Metti i reparti/gli uffici al posto giusto e completa l'organigramma.

finanza - formazione - laboratori - produzione - ufficio vendite - personale

- 1. amministrazione
  - 2. direttore generale
    - 3. ________
      - 8. stabilimento
    - 4. ________
      - 9. ________
      - 10. rapporti sindacali
    - 5. ricerca e sviluppo
      - 11. ________
    - 6. marketing
      - 12. ufficio marketing
      - 13. ________
    - 7. ________
      - 14. forme di finanziamento

14 Fissare la terminologia economica

Completa il cruciverba.

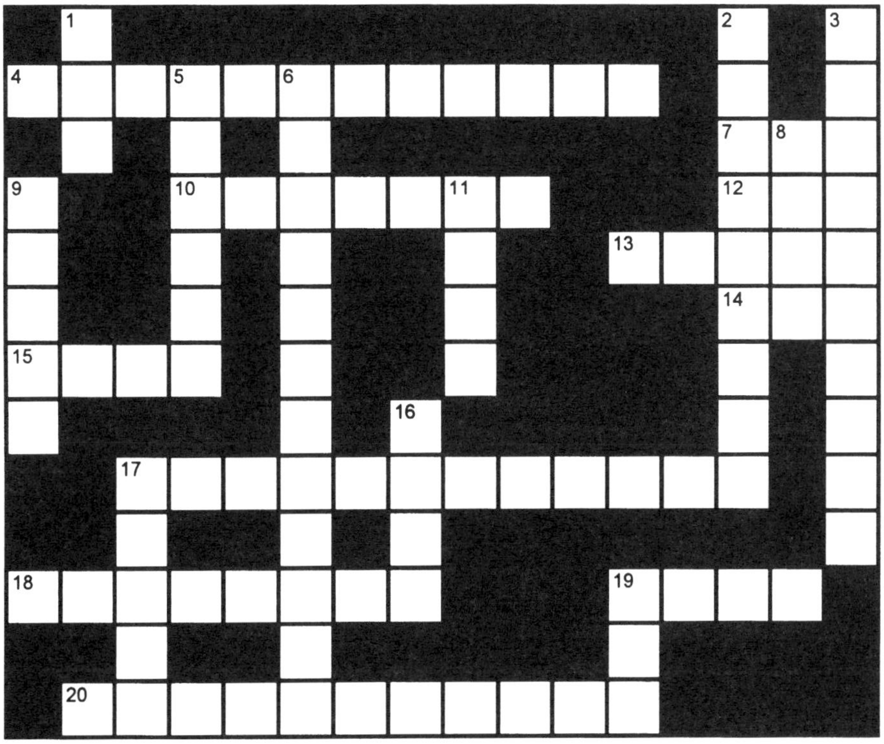

ORIZZONTALI ➝

4. Rappresentazione grafica della struttura di una ditta.
7. Nelle Srl è limitata: _ _ _ PONSABILITÀ.
10. Attività economica produttiva.
12. Società in nome collettivo.
13. Parte di una quantità (di denaro o altro).
14. In + il.
15. Persone con potere decisionale all'interno di una ditta: ORGANI DI _ _ _ _
17. Insieme di leggi che regolano i rapporti giuridici privati.
18. Funzioni e responsabilità di un dipendente.
19. Due o più persone che sono insieme i proprietari di un'impresa.
20. Società a scopo mutualistico.

VERTICALI ↓

1. Società a responsabilità limitata.
2. Tutte le persone occupate in una ditta.
3. Esperto di tasse e questioni fiscali.
5. Titolo che rappresenta la quota di capitale di una società commerciale.
6. Persona che esercita una attività economica a proprio rischio.
8. Persona occupata in una ditta: DIPEND_ _ _ _
9. Guadagni, profitti.
11. Società in accomandita per azioni.
16. Proprietà, averi.
17. Si paga al ristorante o in un negozio.
19. Società per azioni.

15 E per finire...

Abbina le frasi ai disegni e ricostruisci la storia (le frasi sono in disordine).

a. Il signor Rossi acquista sempre più terreni per la coltivazione dei suoi prodotti biologici.

b. La S.n.c. del signor Rossi si trasforma in S.p.A.

c. Il signor Rossi conclude un ottimo affare con il proprietario della WEB S.r.l.

d. Il signor Rossi è il presidente della NET S.p.A., una ditta di successo con sede in una grande città.

e. Il signor Rossi ogni giorno passa ore in mezzo al traffico. Un giorno torna a casa e scopre che la moglie lo tradisce con il proprietario della WEB S.r.l.

f. Il signor Rossi va a vivere in campagna dove apre un agriturismo.

g. Il signor Rossi torna disperato in azienda e trova i suoi dipendenti in sciopero.

h. Gli affari vanno così bene che Rossi fonda una S.n.c. che comincia a produrre e vendere prodotti biologici.

i. Il signor Rossi decide di andare dallo psicanalista per parlare del suo desiderio di aprire un ristorante in campagna.

note

1. Se desideri avere informazioni piu dettagliate riguardo alla nuova legge sul Diritto Societario (Legge n. 366/01) puoi consultare il sito *www.governo.it/GovernoInforma/Dossier/DIRITTO_SOCIETARIO/INDEX.HTML.*

Sezione B
Contratti e fatture

- 1. Il contratto
- 2. Il contratto di compravendita
- 3. Clausole contrattuali
- 4. Fattura e iva

Il contratto

1 Leggere

Leggi la definizione di "contratto" data dal Codice Civile italiano.

Art. 1325 e 1326. Il **contratto** è un accordo tra due o più parti per costituire, regolare o estinguere tra loro un rapporto giuridico patrimoniale. L'accordo delle parti è quindi il requisito essenziale di un contratto.

(adattato da: www.consumatorionline.it/contratti/)

2 Comprendere la terminologia economica

Scegli il significato giusto per ogni espressione.

1. parti:
a. due o più persone fisiche o giuridiche ☐
b. documenti particolari ☐
c. due o più partiti politici ☐

2. costituire:
a. comprare ☐
b. cancellare, eliminare ☐
c. fondare, creare ☐

3. estinguere:
a. pagare ☐
b. annullare ☐
c. cominciare ☐

4. rapporto giuridico patrimoniale:
a. relazione fra due o più soggetti con valore legale ed economico ☐
b. relazione fra due o piu soggetti con valore legale ma senza valore economico ☐
c. relazione fra due o più soggetti senza valore legale ma con valore economico ☐

3 Leggere
Scegli il titolo giusto per questo testo.

a. Pirelli, contratto da 10 mil. di dollari in Russia

b. Pirelli, trattative per un contratto da 10 mil. di dollari in Russia

c. Pirelli, contratto per la costruzione di uno stabilimento a Nizhnekamsk

Importante apertura commerciale del gruppo italiano verso est. Pirelli ha stipulato con JSG Nizhnekamskshina, primo produttore di pneumatici russo con 10 milioni di pezzi l'anno, un contratto del valore di circa 10 milioni di dollari per la fornitura di know how e attrezzature speciali che permettono di aumentare di due milioni di pezzi la capacità produttiva di pneumatici nello stabilimento di Nizhnekamsk, nella repubblica russa del Tatarstan.

(adattato da: www.ilsole24ore.com)

4 Comprendere la terminologia economica
Trova nel testo dell'esercizio 3 le espressioni corrispondenti ai significati.

espressione del testo	significato
1.	concluso
2.	fabbricante, costruttore
3.	capacità e conoscenza
4.	quantità di lavoro che una fabbrica può svolgere

5 Riassumere
In poche parole... Riassumi l'articolo sulla società Pirelli abbinando le frasi di sinistra a quelle di destra.

1. Pirelli ha stipulato	a. la fornitura di know how e attrezzature speciali.
2. Il contratto prevede	b. aumentare la capacità produttiva della JSG Nizhnekamskshina.
3. Know how e attrezzature forniti da Pirelli permettono di	c. un contratto del valore di 10 milioni di dollari.

1 Il contratto

6 Esercizio sulle preposizioni

Completa il testo con le preposizioni della lista.

con - con - di - di - del - nella - nello - per

Pirelli ha stipulato _____ JSG Nizhnekamskshina, primo produttore _____ pneumatici russo _____ 10 milioni di pezzi l'anno, un contratto _____ valore di circa 10 milioni di dollari _____ la fornitura di know how e attrezzature speciali che permettono _____ aumentare di due milioni di pezzi la capacità produttiva di pneumatici _____ stabilimento di Nizhnekamsk, _____ repubblica russa del Tatarstan.

7 Fissare la terminologia economica

Completa il testo con le espressioni mancanti.

Art. 1325 e 1326. Il contratto è un accordo tra due o più ____________________ per costituire, regolare o estinguere tra loro un ________________ giuridico patrimoniale. L'accordo delle parti è quindi il ________________ essenziale di un contratto.

Il contratto di compravendita

1 Ipotizzare

Quali sono gli elementi essenziali e gli elementi accessori del contratto di compravendita? Mettili al posto giusto nella tabella.

data di consegna **data di pagamento** **imballaggio**
luogo di consegna **prezzo** **qualità** **quantità**

elementi essenziali	elementi accessori

2 Leggere

Leggi il testo e verifica le ipotesi dell'esercizio 1.

Il contratto di compravendita definisce la quantità, la qualità e il prezzo della merce scambiata, le modalità e i tempi della consegna, le modalità e i tempi di pagamento. Le clausole (o condizioni) del contratto che riguardano qualità, quantità e prezzo della merce sono considerate elementi essenziali del contratto, mentre le clausole riguardanti la consegna, il pagamento e l'imballaggio sono considerate elementi accessori.

Per la tutela dei consumatori, esistono norme internazionali che stabiliscono parametri per definire la qualità della merce. In particolare, le norme ISO (International Standard Organisation) garantiscono la qualità e la sicurezza dei prodotti. All'interno dell'Unione Europea, tutti i prodotti che si conformano a queste norme portano il marchio CE.

3 Comprendere la terminologia economica

Abbina le espressioni del testo al significato giusto.

riga n.	espressione del testo	significato
1	a. quantità	1. regole
3	b. clausole	2. articoli
5	c. imballaggio	3. protezione
7	d. tutela	4. condizioni
7	e. norme	5. numero
10	f. prodotti	6. impacchettamento della merce per la spedizione

4 Sai coniugare?

definire

io ______________
tu ______________
lui/lei/Lei *definisce*
noi ______________
voi ______________
loro ______________

Come *definire* si coniugano anche *garantire*, *stabilire*, ecc.

5 Fissare la terminologia economica

Ritrova nei testi degli esercizi n° 1 di pag. 32, n° 3 di pag. 33 e n° 2 di pag. 35 i sostantivi o i verbi corrispondenti a quelli della tabella, come nell'esempio.

sostantivi	verbi
costituire	*costituzione*
estinzione	
stipulazione	
	fornire
garanzia	
	tutelare
	consegnare
regolamento	
	pagare
	imballare

6 Fissare la terminologia economica

Completa il testo con le parole della lista.

accessori - clausole - clausole - essenziali - garantiscono - marchio - merce - merce - norme - parametri

Il contratto di compravendita definisce la quantità, la qualità e il prezzo della ____________ scambiata, le modalità e i tempi della consegna, le modalità e i tempi di pagamento.
Le ____________ (o condizioni) del contratto che riguardano qualità, quantità e prezzo della ____________ sono considerate elementi ____________ del contratto, mentre le ____________ riguardanti la consegna, il pagamento e l'imballaggio sono considerate elementi ____________.
Per la tutela dei consumatori, esistono ____________ internazionali che stabiliscono ____________ per definire la qualità della merce. In particolare, le norme ISO (International Standard Organisation) ____________ la qualità e la sicurezza dei prodotti. All'interno dell'Unione Europea, tutti i prodotti che si conformano a queste norme portano il ____________ CE.

Clausole contrattuali

1 Leggere

Leggi il testo della conversazione telefonica.

Receptionist: *Agrirossi*, Buongiorno.

Signora Maldini: Buongiorno, sono Teresa Maldini della *Conserve & affini* di Genova. Vorrei parlare con il Sig. Rossi.

Receptionist: Un attimo, attenda in linea...

Signor Rossi: Buongiorno signora Maldini, mi dica.

Signora Maldini: Le telefono per quell'ordine di 200 quintali di pomodori rossi da conserva.

Signor Rossi: Ah sì, che cosa avete deciso?

Signora Maldini: Senta, se invece ne ordiniamo 400 quintali che condizioni ci offre?

Signor Rossi: Beh guardi, il prezzo resta di 131€ al quintale però ci accolliamo noi tutte le spese di spedizione. Che ne dice?

Signora Maldini: E va bene, se non ci può fare uno sconto… Per il pagamento allora come al solito 30 giorni dalla consegna?

Signor Rossi: Certo, come sempre. Dico subito alla segretaria di mandarLe un contratto.

Signora Maldini: Allora grazie e a presto.

Signor Rossi: Arrivederci.

Lo sapevi?

Per evitare possibili confusioni causate da diverse interpretazioni delle clausole commerciali, gli operatori di import-export usano gli INCOTERMS (clausole commerciali internazionali). Gli attuali incoterms sono entrati in vigore il 1° luglio 1990.
Un elenco completo degli Incoterms si trova a pagina 110.

2 Completare

Ora, in base alle informazioni che hai avuto nella conversazione telefonica dell'esercizio 1, completa il contratto di compravendita.

CONTRATTO DI COMPRAVENDITA

Tra le parti:

________________________, in seguito denominata come "venditore", e

________________________, in seguito denominata come "acquirente",

si conviene quanto segue:

1. Oggetto
Il venditore fornisce la seguente merce: ________________________,
all'acquirente, che accetta.

2. Pagamenti
Il prezzo pattuito è di ________________________, che l'acquirente verserà secondo le seguenti modalità: ________________________

3. Garanzie
Il venditore garantisce da difetti la merce venduta.

4. Consegna
Il venditore consegnerà la merce all'indirizzo indicato dall'acquirente.

5. Spese
Le spese di spedizione sono a carico del ________________________

Firma per accettazione

3 Comprendere la terminologia economica

Abbina le espressioni del testo al significato giusto.

espressione del testo	significato
1. acquirente	a. si stabilisce
2. si conviene	b. stabilito, deciso
3. fornisce	c. imperfezioni
4. pattuito	d. pagherà (su un conto bancario)
5. verserà	e. persona che acquista, compra
6. difetti	f. dà, offre

4 Esercizio sul passato prossimo

Attenzione! Leggere prima di firmare.
Metti i verbi al passato prossimo: attenzione ai verbi irregolari!

Questo lettore si è fidato troppo: non ha controllato le condizioni di un investimento. E dopo ha avuto una brutta sorpresa...

"Nel giugno 2003, un'impiegata della banca di cui sono cliente mi *(offrire)* ________________ un investimento: potevo versare 150 € per 5 anni, ricevere un buon interesse e la possibilità di ritirarmi in qualsiasi momento. *(io/accettare)* ________________. Solo ora *(scoprire)* ________________ che in realtà *(prendere)* ________________ in prestito 17.000 €, che devo restituire con versamenti di 150 € al mese per 15 anni. *(chiedere)* ________________ di ritirarmi ma la banca vuole 2000 €. *(io/credere)* ________________ all'offerta e *(firmare)* ________________ il contratto senza leggere. Cosa posso fare?"
Roberto

(adattato da: www.mondadori.com/donnamoderna)

5 Capire

Rileggi il testo dell'esercizio 4 e poi rispondi alla domanda.

Qual è il problema di Roberto?

a. Ha stipulato un contratto ma ora non ha i soldi per pagare. ☐
b. Ha firmato un contratto per ottenere un prestito di 2000 €, ma ora ne vuole 17.000. ☐
c. Ha firmato un contratto senza fare attenzione alle clausole. ☐

6 Parlare

Come risponderesti a Roberto? Che consigli puoi dargli?
Parlane con un compagno e poi con il resto della classe.

7 Leggere

Leggi il testo.

Quattro regole prima della firma

- Prima di firmare un contratto leggetelo tutto con attenzione, anche le parti scritte a caratteri molto piccoli perché proprio le righe microscopiche nascondono le trappole. Ciò che è scritto sul contratto può essere diverso da ciò che viene detto a voce. A livello legale è importante il contenuto del contratto che firmate e non quello che vi è stato detto.

- State attenti: quando firmate un contratto date il vostro consenso e quindi costituite un accordo. Ciò significa che accettate il contenuto del contratto e vi impegnate a rispettare l'accordo preso.

- Ricordatevi che anche nel caso di contratti stipulati per strada, negli alberghi durante incontri promozionali, televendite o a casa vostra, e di contratti on line, la legge prevede la tutela del consumatore.

- Fate particolare attenzione ai contratti prestampati dal venditore o dal fornitore di un servizio o di un bene. Questi contratti sono scritti dal venditore, che vuole garantire innanzitutto i propri interessi, e possono nascondere delle trappole. Questo genere di contratti è molto usato, per esempio in campo bancario, assicurativo, di compravendita di beni, di viaggio o di fornitura di servizi.

8 Capire

Vero o falso? Rispondi con una X.

	vero	falso
1. È importante leggere tutte le parti del contratto, anche quelle scritte in piccolo.	☐	☐
2. Il contenuto del contratto è più importante di ciò che è stato detto a voce.	☐	☐
3. Firmare non significa accettare il contenuto di un contratto.	☐	☐
4. I contratti prestampati sono scritti nell'interesse del compratore.	☐	☐

9 Analizzare

Osserva questa frase:

Questi contratti **<u>sono scritti</u>** dal venditore...

In questo caso il verbo "essere" è usato per costruire la frase con la forma passiva. Trova nel testo dell'esercizio 7 le altre frasi alla forma passiva (con "essere" e "venire").

Riflettere sulla lingua

Ora osserva:

Ciò che è scritto sul contratto può essere diverso da ciò che <u>viene detto</u> a voce.

A livello legale è importante il contenuto del contratto che firmate e non quello <u>che vi è stato detto</u>.

Questi contratti <u>sono scritti</u> dal venditore, che vuole garantire innanzitutto i propri interessi, e possono nascondere delle trappole.

FORMA ATTIVA ⇒ <u>Il venditore</u> <u>ha scritto</u> <u>questi contratti</u>

FORMA PASSIVA ⇒ Questi contratti sono stati scritti dal venditore

Forma passiva				
PRESENTE	⇒	è scritto (da) viene detto (da)	⇒	presente di **ESSERE / VENIRE** + participio passato del verbo principale
PASSATO	⇒	è stato detto (da)	⇒	passato di **ESSERE** (era/è stato/era stato/ecc.) + participio passato del verbo principale

VENIRE si usa solo nei tempi semplici ⇒ *Il contratto **viene** firmato*

ESSERE si usa nei tempi semplici ⇒ *Il contratto **è** firmato*
e nei tempi composti ⇒ *Il contratto **è stato** firmato*

10 Esercizio sulla forma passiva

Trasforma le frasi dalla forma attiva alla forma passiva (al presente), come nell'esempio.

Esempio: L'acquirente legge attentamente il contratto. ⇒ *Il contratto **è letto/viene letto** attentamente dall'acquirente.*

1. L'acquirente studia con attenzione tutte le clausole.
2. Il venditore poco onesto nasconde le trappole nelle righe più piccole.
3. Tutte le parti interessate firmano il contratto.
4. Le banche usano spesso contratti prestampati.
5. La legge protegge il consumatore.

11 Esercizio sulla forma passiva

Ora trasforma le stesse frasi alla forma passiva, ma al passato.

Esempio: L'aquirente ha letto attentamente il contratto. ⇒ *Il contratto **è stato letto** attentamente dall'acquirente.*

1. L'acquirente ha studiato con attenzione tutte le clausole.
2. Il venditore poco onesto ha nascosto le trappole nelle righe più piccole.
3. Tutte le parti interessate hanno firmato il contratto.
4. Le banche hanno usato spesso contratti prestampati.
5. La legge ha protetto il consumatore.

Fattura e iva

Per ridere un po'

Un uomo d'affari si presenta alla reception di un albergo e chiede una camera per una notte. Girandosi, vede una donna bellissima, le si avvicina e comincia a parlare con lei. Poco più tardi l'uomo ritorna alla reception e chiede una camera doppia, perché, spiega, ha incontrato inaspettatamente sua moglie. Il giorno dopo, la donna lascia l'albergo piuttosto presto. Quando l'uomo scende e chiede il conto si vede presentare una fattura da 1000 €.

"Ma come!", si lamenta, "ho dormito qui una sola notte."
"È vero, ma sua moglie era qui da una settimana!"

1 Completare

Completa il testo con le parole della lista.

cognome - condizioni - ditta - importo - numero - qualità - venditore - venditore

Che cos'è una fattura?

La fattura è il documento scritto dal ______________. Le sue funzioni sono:

- informare il compratore che il ______________ ha eseguito il contratto;
- richiamare tutte le ______________ del contratto (qualità, quantità, prezzo, data e luogo di consegna, termini di pagamento, imballaggio);
- indicare l' ______________ totale dovuto dal compratore.

La fattura non deve avere uno schema fisso ma deve contenere per legge i seguenti elementi:

1. dati identificativi del venditore: ______________, ragione sociale o denominazione sociale, indirizzo, numero di codice fiscale e/o partita i.v.a., numero di iscrizione alla C.C.I.A.A. (Camera di Commercio Industria Artigianato e Agricoltura), numero di iscrizione al Tribunale se si tratta di una società;
2. importo totale che il compratore deve pagare;
3. data di emissione della fattura, ______________ della fattura;
4. dati identificativi del compratore: ditta, ragione sociale o denominazione sociale, oppure nome e ______________, numero di partita i.v.a. o codice fiscale;
5. ______________, quantità, prezzo della merce ed eventuali sconti, ammontare dell'i.v.a.

2 Comprendere la terminologia economica

Ora trova questi elementi nella fattura.

n°__: prezzo della merce
n°__: ditta e ragione sociale del venditore
n°__: quantità della merce
n°__: importo totale
n°__: data di emissione della fattura
n°__: numero della fattura
n°__: ditta e ragione sociale del compratore
n°__: ammontare dell'i.v.a.

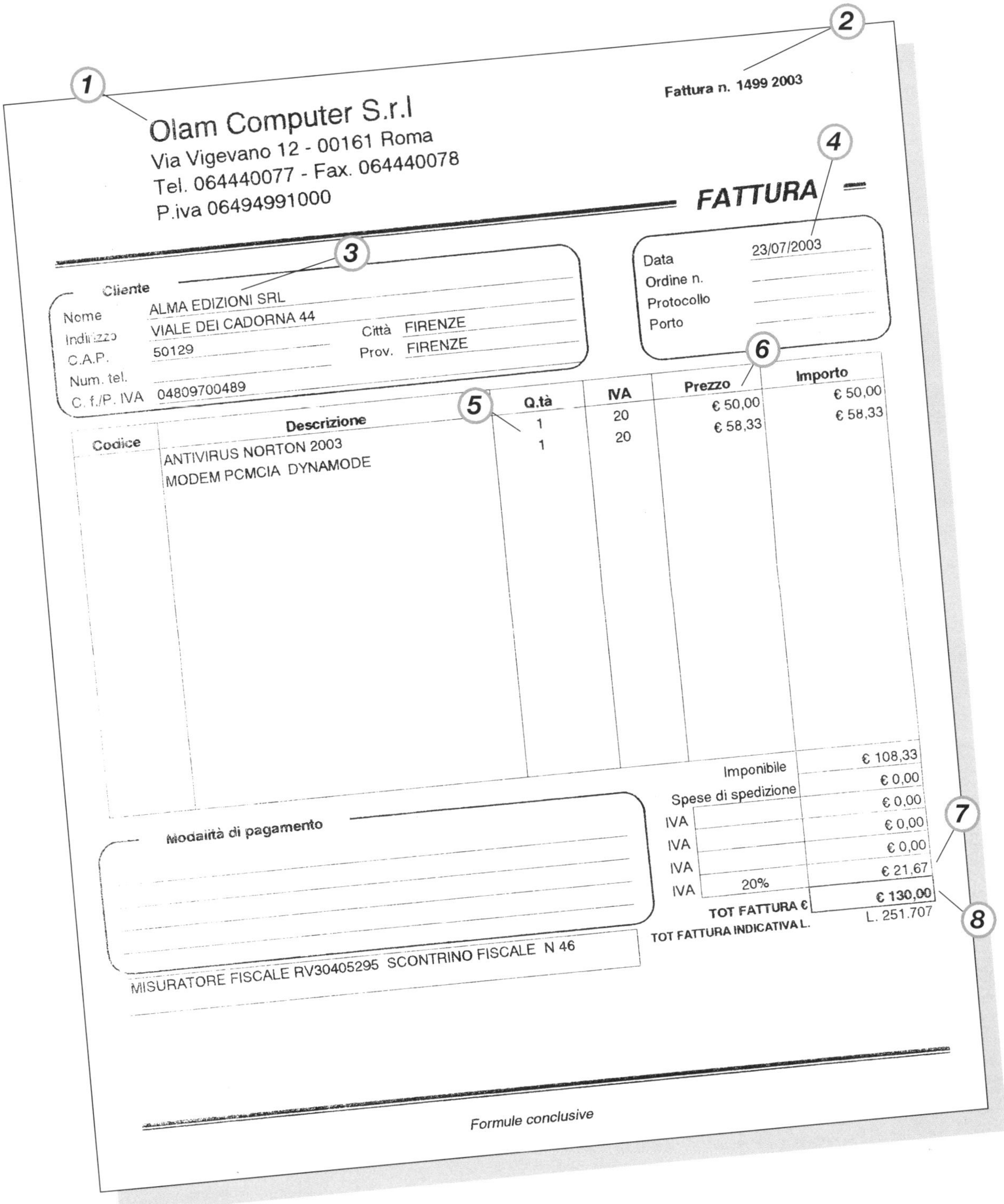

(2) Fattura n. 1499 2003

(1) Olam Computer S.r.l
Via Vigevano 12 - 00161 Roma
Tel. 064440077 - Fax. 064440078
P.iva 06494991000

FATTURA

(4)
Data 23/07/2003
Ordine n.
Protocollo
Porto

Cliente
(3)
Nome ALMA EDIZIONI SRL
Indirizzo VIALE DEI CADORNA 44 Città FIRENZE
C.A.P. 50129 Prov. FIRENZE
Num. tel.
C. f./P. IVA 04809700489

Codice	Descrizione	Q.tà (5)	IVA	Prezzo (6)	Importo
	ANTIVIRUS NORTON 2003	1	20	€ 50,00	€ 50,00
	MODEM PCMCIA DYNAMODE	1	20	€ 58,33	€ 58,33

Modalità di pagamento

MISURATORE FISCALE RV30405295 SCONTRINO FISCALE N 46

Imponibile		€ 108,33
Spese di spedizione		€ 0,00
IVA		€ 0,00
IVA		€ 0,00
IVA		€ 0,00
IVA	20%	€ 21,67 (7)
TOT FATTURA €		€ 130,00 (8)
TOT FATTURA INDICATIVA L.		L. 251.707

Formule conclusive

3 Ipotizzare

Sai abbinare queste imposte ai Paesi giusti? Se non ci riesci, consulta su Internet il sito: http://europa.eu.int/eurodicautom/Controller.

imposta	Paese
1. IVA	a. Olanda
2. VAT	b. Francia
3. EEK	c. Germania
4. TVA	d. Gran Bretagna, Irlanda
5. BTW	e. Grecia
6. MWST	f. Italia, Spagna

4 Leggere e comprendere la terminologia economica

Leggi il testo e scegli il sinomimo giusto per le parole evidenziate.

L'IVA (Imposta sul valore aggiunto) è un'imposta sulle cessioni di beni (es. la vendita di uno stereo da parte di un negoziante), e le prestazioni di servizi (es. la riparazione del televisore da parte di un tecnico).	☐ **fattura** ☐ **tassa**
In questo caso il negoziante e il tecnico hanno una "partita I.V.A".; si dice che sono titolari di una partita I.V.A.	☐ **proprietari** ☐ **firmatari**
Chi deve aprire una partita I.V.A.? Chi ha un'attività economica, per esempio chi possiede un negozio, i liberi professionisti (avvocati, medici ecc.), i proprietari di un'impresa.	☐ **ha** ☐ **vende**
L'aliquota generale è del 20% ci sono però alcuni beni ed alcuni servizi per i quali la legge prevede delle aliquote del 4% o del 10%.	☐ **La percentuale** ☐ **Il massimo** ☐ **diminuisce** ☐ **stabilisce**

Lo sapevi?

Partita IVA: codice dato a chi deve pagare l'IVA.

Codice fiscale: combinazione di numeri e di lettere per identificare ogni persona che paga le tasse.

5 Parlare

Qual è l'aliquota IVA nel tuo Paese? Esiste anche nel tuo Paese qualcosa di simile al codice fiscale? Parlane con i compagni.

6 Leggere

Lo sapevi che "fare la fattura" in Italia ha anche un altro significato? Leggi questo articolo e scopri qual è.

Due Maghe? Sono truffatrici

"Signora, purtroppo Lei ha il malocchio, ma noi possiamo annullarlo". La "formula" è sempre la stessa. Ma di magico non ha niente. Soprattutto per le vittime che rischiano di finire nella trappola dei truffatori. O meglio, delle maghe.

Da qualche tempo a Iglesias e nei paesi vicini circolano alcune ragazze che cercano di estorcere denaro alle persone anziane. Il copione è ormai vecchio: "Le hanno fatto una fattura, ma noi siamo in grado di annullarne gli effetti e restituirle serenità".

Ovviamente tanta "generosità" ha un prezzo: le finte maghe non prestano la loro opera gratuitamente, ma solo dopo un pagamento in denaro o in gioielli.

Ogni tanto, purtroppo, qualcuno ci casca ma una telefonata ai carabinieri può mettere al riparo, se non dalla fattura, da spiacevoli sorprese.

(adattato da: www.unionesarda.it)

Allora, hai capito qual è l'altro significato di fattura?

a. Stregoneria, incantesimo ☐
b. Vendita per corrispondenza ☐
c. Storia d'amore, avventura amorosa ☐

7 Fissare la terminologia economica

Completa il cruciverba.

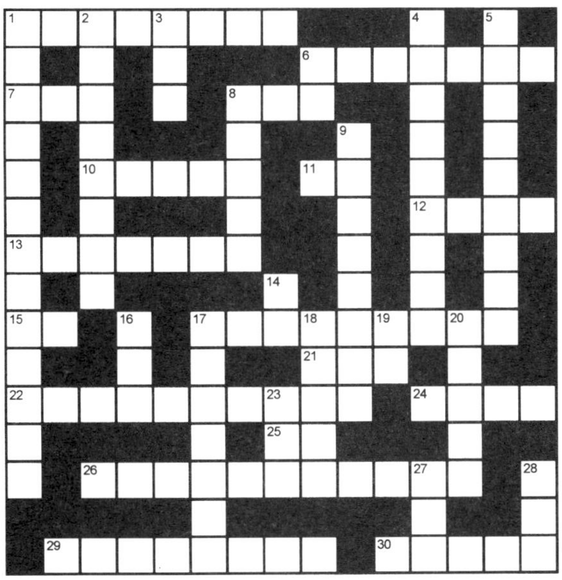

ORIZZONTALI →

1. Le condizioni in un contratto.
6. La somma totale da pagare.
7. Di+i.
8. Società a responsabilità limitata.
10. Il guadagno di un'azienda alla fine dell'anno.
11. Preposizione semplice.
12. A+lo.
13. Il documento scritto dal venditore per il compratore, con le informazioni sul prezzo della merce, sulla quantità, sull'iva, ecc.
15. Il contrario di "no".
17. La persona che vende.
21. In italiano i verbi regolari si dividono in tre gruppi: are, ere, ...
22. La persona che compra.
24. I proprietari della società.
25. ExtraTerrestre.
26. L'impacchettamento della merce per la spedizione.
29. È un elemento accessorio del contratto.
30. Si paga allo Stato in proporzione al guadagno.

VERTICALI ↓

1. Combinazione di numeri e di lettere per identificare ogni persona che paga le tasse.
2. Percentuale.
3. Società in nome collettivo.
4. Accordo tra due o più parti per costituire, regolare o estinguere un rapporto giuridico patrimoniale.
5. Firmare, concludere un contratto.
6. Articolo determinativo.
8. Costo.
9. Stabilire.
14. Articolo indeterminativo.
16. Il contrario di "meno".
17. Pagare (su un conto bancario).
18. Azienda, società.
19. Io = me. Tu = ...
20. La funzione di un dipendente in un'azienda.
23. In+il.
27. Imposta sul valore aggiunto.
28. Società per azioni.

8 E per finire...

Abbina le frasi ai disegni e ricostruisci la storia (le frasi sono in disordine).

Il Faust secondo l'*Italiano per economisti*

a. Negli ultimi tempi l'avvocato Mefistofele ha avuto diversi problemi finanziari e non è in grado di saldare le fatture.

b. Così Mefistofele finisce a spazzare il pavimento delle nuvole...

c. Il dott. Faust è l'amministratore delegato della *Anime Perdute SpA*. La ditta vende anime corrotte. Gli affari vanno benissimo.

d. In realtà il contratto non prevede la vendita delle tre anime degli angeli, ma è un contratto di lavoro che impegna l'avvocato Mefistofele a servire tutti gli angeli del Paradiso per migliaia di anni.

e. L'avvocato Mefistofele è così contento di poter acquistare per la prima volta anime di angeli che firma il contratto senza leggerlo.

f. Il dott. Faust deve spiegare al consiglio di amministrazione che le fatture non pagate dalla *Mefistofele & Co.* stanno causando gravi difficoltà finanziarie.

g. Il dott. Faust stipula un contratto con il proprietario della *Mefistofele & Co.* per una grande fornitura di anime corrotte da inviare all'Inferno tramite la *Spedizioni Caronte Srl*, franco obitorio (FOB).

h. Il dott. Faust ha un'idea brillante per risolvere i suoi problemi e per vendicarsi: vendere i servizi di Mefistofele al Paradiso. Così telefona all'avvocato Mefistofele e gli propone un ottimo affare: l'acquisto delle anime di ben tre angeli.

DOTT. FAUST AMMINISTRATORE DELEGATO ANIME PERDUTE S.P.A.
OBITORIO
CONTRATTO PER LA FORNITURA DI ANIME CORROTTE.
ANIME PERDUTE SPA
L'AVV. MEFISTOFELE SI IMPEGNA CON QUESTO CONTRATTO A SERVIRE GLI ANGELI DEL PARADISO PER 3526 ANNI.
POVERO DIAVOLO!

Sezione C
Banche e investimenti

Banche in Italia

Lo sapevi?

Sapevi che le banche italiane sono tra le più antiche del mondo[1]? Il termine "banca" deriva dal banco sul quale i banchieri del periodo medievale mettevano il denaro.

1 Leggere

Leggi il testo.

BMPS - Banca Monte dei Paschi di Siena S.p.A.
Un'antichisssima banca italiana

Il Monte dei Paschi di Siena è considerata la banca più antica del mondo perché opera senza interruzione dal 1472. La banca è nata come "Monte di Pietà" dello Stato di Siena.
Nel 1624, la Banca ha assunto la denominazione di "Monte dei Paschi di Siena" e, dopo l'unificazione d'Italia, ha esteso la propria attività anche oltre la zona di Siena.
Dopo la prima guerra mondiale, la Banca ha aumentato molto il numero degli sportelli, allargandosi ancora e nel 1929 ha partecipato alla fusione del Credito Toscano e della Banca di Firenze per creare la Banca Toscana S.p.A.
Negli anni novanta il Gruppo MPS ha assunto il controllo di due banche, il Mediocredito Toscano S.p.A. e l'Istituto Nazionale per il Credito Agrario S.p.A. (INCA), crescendo così ulteriormente. Nel 1992, il Gruppo ha acquisito la Cassa di Risparmio di Prato S.p.A., consolidando ancora di più la propria presenza in Toscana. Nel 1995 il Monte dei Paschi di Siena si è trasformato in Società per Azioni.
Il 4 marzo 1999 il Consiglio di Amministrazione della Banca ha dcliberato il collocamento e la quotazione in borsa delle azioni ordinarie. Il 31 marzo successivo l'Assemblea degli azionisti ha approvato le deliberazioni del Consiglio. Il 25 giugno 1999 le azioni del Monte dei Paschi sono entrate nella Borsa Valori.

(adattato da: www.mps.it)

2 Capire

Vero o falso? Rispondi con una X.

	vero	falso
1. Il Monte dei Paschi di Siena nasce nel 1472 ma si chiama così dal 1624.	☐	☐
2. Nel 1929 il Monte dei Paschi di Siena si è diviso in due: Credito Toscano e Banca di Firenze.	☐	☐
3. Negli anni 90 il Monte dei Paschi di Siena si è ingrandito.	☐	☐
4. Il Monte dei Paschi di Siena è una S.p.A.	☐	☐

3 Comprendere la terminologia economica

Scegli il significato giusto per ogni espressione.

1. Monte di Pietà *(riga 2):*
a. piccola banca specializzata in cambio di valuta (euro, dollari, ecc.) ☐
b. un Monte molto famoso vicino a Siena ☐
c. istituzione che concede prestiti in cambio di beni mobili, che vengono restituiti, quando si restituisce la somma presa in prestito ☐

2. fusione *(riga 7):*
a. fondazione ☐
b. apertura ☐
c. unione ☐

3. ha deliberato *(riga 14):*
a. ha deciso ☐
b. ha comprato ☐
c. ha venduto ☐

4. quotazione in borsa *(riga 15):*
a. prezzo dato ad azioni o merci ☐
b. preventivo ☐
c. vendita di azioni o merci ☐

5. Borsa Valori *(riga 17):*
a. luogo per conservare oggetti di valore ☐
b. la sede centrale della BMPS ☐
c. luogo per gli scambi finanziari ☐

4 Parlare

Anche nel tuo Paese ci sono banche molto antiche? E banche di livello internazionale? Conosci il nome di qualche banca italiana? Parlane con un compagno e poi con il resto della classe.

5 Riflettere sulla lingua

Osserva questa frase:

Nel 1624, la Banca ***ha assunto*** *la denominazione di "Monte dei Paschi di Siena" e, dopo l'unificazione d'Italia,* ***ha esteso*** *la propria attività anche oltre la zona di Siena.*

Ora completa lo schema:

participio passato	infinito
assunto	
esteso	

Lo sapevi?

La Borsa nasce a Bruges, in Belgio, intorno al 1500. I mercanti si incontravano in un palazzo di proprietà della famiglia Van de Bourse per scambiare merci e certificati di credito. Il nome italiano "borsa" deriva quindi dal francese "bourse".
La Borsa di Milano è stata fondata il 16 gennaio 1808.

6 Parlare

C'è una Borsa anche nella tua città? Sei mai stato in una Borsa? Parlane con un compagno e poi con il resto della classe.

Lo sapevi?

La parola "sportello" indica l'apertura attraverso cui gli impiegati comunicano con i clienti, ma nella lingua di tutti i giorni viene usata anche per indicare le singole agenzie di una banca.

note

1. Se vuoi visualizzare l'elenco delle principali banche italiane collegati al sito *www.italia.ms/banche.html.*

Operazioni creditizie

1 Leggere

Quali sono le operazioni accessorie, le operazioni attive e le operazioni passive che si possono fare in banca? Leggi il testo.

La parola "banca" indica un'impresa che:

1. raccoglie il denaro dei risparmiatori (operazioni passive);
2. offre denaro a credito (operazioni attive);
3. pratica una serie di servizi di custodia, di pagamento, di incasso, di consulenza (operazioni accessorie).

2 Comprendere la terminologia economica

Hai capito quali sono le operazioni passive, quelle attive e quelle accessorie? Mettile al posto giusto nella tabella.

anticipo su fattura - consulenza finanziaria - conto corrente - deposito a risparmio - mutuo - negoziazione di titoli - pagamento di bollette - prestito

operazioni passive ⇨	
operazioni attive ⇨	
operazioni accessorie ⇨	

Lo sapevi?

Sai qual è la differenza tra *prestito* e *mutuo*? Il mutuo è un prestito ipotecario, cioè coperto da un'ipoteca. L'ipoteca è una garanzia che la banca chiede per prestare i soldi.

3 Parlare

Quali servizi bancari utilizzi tu normalmente? Parlane con un compagno e poi con il resto della classe.

4 Leggere

Leggi la barzelletta.

L'impiegato di una banca invita un cliente ad utilizzare il libretto d'assegni:
"Vede, gli assegni sono comodi, basta scrivere la cifra e non deve nemmeno più usare il Bancomat", dice l'impiegato.
Dopo un po' di tempo il conto di quel signore è in rosso e l'impiegato telefona al cliente:
"Beh, vede, dobbiamo dirle che ci sono dei problemi. Il suo conto è scoperto...".
"Ah, ma non si preoccupi!", risponde il cliente, "Domani passo e vi faccio un assegno!"

Nel testo c'è un'altra espressione che ha lo stesso significato di "conto in rosso". Qual è?

conto in rosso ➪ ______________________

5 Comprendere la terminologia economica

Conosci questi mezzi di pagamento? Abbinali ai disegni giusti.

bancomat (n°___) **carta di credito (n°___)**

libretto degli assegni (n°___) **contanti (n°___)**

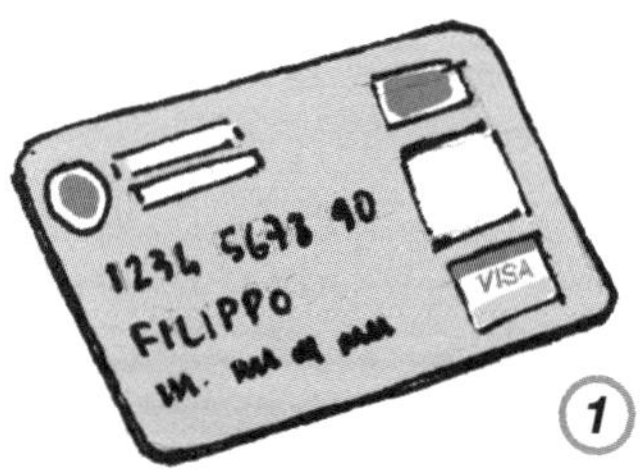

1

2

3

4

6 Fissare la terminologia economica

Completa le frasi con i diversi mezzi di pagamento.

assegno - bancomat - carta di credito - in contanti

1. Non ho contanti, Le firmo un ______________.
2. Certo che può prenotare telefonicamente, deve solo darmi il numero e la data di scadenza della Sua ______________.
3. È semplicissimo, deve solo inserire il ______________ nella macchinetta, digitare il codice personale e la somma che vuole ritirare. Le banconote usciranno in pochi secondi.
4. No, io non uso mai carte di credito o assegni, pago sempre solo ______________.

7 Esercizio sulle preposizioni

Con o senza preposizione? DI, SU, A o… niente?

1. anticipo	_____	fattura
2. conto	_____	corrente
3. carta	_____	credito
4. carta	_____	assegni
5. pagamento	_____	bolletta
6. negoziazione	_____	titoli
7. carta	_____	bancomat
8. deposito	_____	risparmio
9. carta	_____	debito

8 Parlare

Discuti con un compagno e poi con il resto della classe.

1. Nel tuo Paese ci sono delle forme di pagamento diverse da quelle che hai visto nell'esercizio 5?
2. Quale mezzo di pagamento usi più spesso?
3. Anche nel tuo Paese ogni banca ha assegni suoi, oppure si usano assegni uguali per tutti come gli Euro Cheque?
4. Quando ritiri soldi da un bancomat di una banca che non è la tua, devi pagare una commissione?

9 Ipotizzare

Come aprire un conto corrente in Italia.
Secondo te, quali di queste indicazioni sono valide per aprire un conto corrente in Italia?

	sì	no
1. presentarsi in banca con un documento di identità valido	☐	☐
2. pagare una tassa di apertura conto	☐	☐
3. scrivere alla banca una lettera dettagliata richiedendo l'apertura del conto	☐	☐
4. telefonare al direttore della banca e aprire il conto per telefono	☐	☐
5. firmare un contratto davanti ai funzionari della banca	☐	☐

10 Leggere

Leggi il testo.

Generalmente l'apertura del conto corrente è gratuita. Basta essere maggiorenni e presentarsi in banca con un documento di identità valido e il codice fiscale. La banca vi chiederà di firmare un contratto, che sarà opportuno leggere attentamente, e di fornire uno specimen della vostra firma che verrà archiviato e che servirà a controllare l'autenticità di assegni e di altri documenti da voi firmati. La banca vi darà un numero di conto e vi comunicherà le coordinate bancarie: il codice ABI[1], che identifica l'istituto di credito, e il codice CAB[2] che identifica l'agenzia di cui siete clienti. Spesso vi viene offerta anche la possibilità di scegliere la periodicità dell'estratto conto, che indica i movimenti (versamenti e prelievi) effettuati sul vostro conto, le spese di tenuta conto e il saldo finale.

11 Comprendere la terminologia economica

Trova nel testo dell'esercizio 10 le espressioni corrispondenti ai significati.

espressione del testo	significato
1.	senza spese
2.	avere più di 18 anni
3.	filiale
4.	frequenza
5.	documento con informazioni sul conto corrente
6.	depositi di denaro su un conto bancario
7.	ritiri di denaro da un conto bancario
8.	commissioni sul conto corrente
9.	differenza tra l'attivo e il passivo

12 Analizzare

Sottolinea nel testo dell'esercizio 10 tutti i verbi al futuro.

13 Sai coniugare?

Ora completa la coniugazione del futuro.

	verbi regolari			verbi irregolari		
	firm-are	**chied-ere**	**serv-ire**	**essere**	**dare**	**venire**
io	firm-erò	chied-_____	serv-_____	sarò	________	verrò
tu	firm-erai	chied-erai	serv-_____	sarai	darai	________
lui/lei/Lei	firm-_____	chied-_____	serv-_____	________	________	________
noi	firm-eremo	chied-eremo	serv-_____	saremo	________	verremo
voi	firm-erete	chied-_____	serv-_____	sarete	________	verrete
loro	firm-eranno	chied-_____	serv-_____	saranno	daranno	________

Riflettere sulla lingua

NOTA BENE!

I verbi in *-care* e *-gare* (*comunicare*, *indicare*, *pagare*, ecc.) prendono un'h.

Esempio: comunicare ⇨ *La banca vi comuni**ch**erà le coordinate bancarie.*

14 Esercizio sul futuro

Metti i verbi al futuro e completa le frasi.

Quando chiederete di aprire un conto corrente:

1. La banca vi (*dare*) _____________ un contratto da leggere e da firmare.
2. Voi (*firmare*) _____________ il contratto solo dopo averlo letto.
3. Le coordinate bancarie (*servire*) _____________ per identificare la banca e l'agenzia.
4. Voi (*scegliere*) _____________ la periodicità dell'estratto conto.
5. L'estratto conto (*indicare*) _____________ tutti i versamenti e i prelievi che voi (*effettuare*) _____________ sul vostro conto corrente.

15 Esercizio sul futuro

Completa il testo con i verbi della lista al futuro (non sono in ordine).

chiedere - comunicare - dare - essere - venire

Generalmente l'apertura del conto corrente è gratuita. Basta essere maggiorenni e presentarsi in banca con un documento di identità valido e il codice fiscale. La banca vi ______________ di firmare un contratto, che ______________ opportuno leggere attentamente, e di fornire uno specimen della vostra firma che ______________ archiviato e che servirà a controllare l'autenticità di assegni e di altri documenti da voi firmati.
La banca vi ______________ un numero di conto e vi ______________ le coordinate bancarie: il codice ABI, che identifica l'istituto di credito, e il codice CAB, che identifica l'agenzia di cui siete clienti.

16 Capire

Leggi questo estratto conto e poi rispondi alle domande.

BNL BANCA NAZIONALE DEL LAVORO

ESTRATTO AL 31.12.02
Del conto corrente n. 0423436571

LE VOSTRE COORDINATE BANCARIE ▶ COORDINATE BANCARIE

C. ABI	CAB	N. CONTO
06856	**06341**	**0423436571**

Marisa Grandi
Viale Libia 15
00199 Roma

CI PREGIAMO INVIARVI L'ELENCO DEI MOVIMENTI CONTABILIZZATI SUL VOSTRO C/C SUCCESSIVAMENTE AL 30/06/2002 E FINO AL 31/12/02.

ELENCO N. 27

DATA	OPERAZIONI	DARE	AVERE
01.07.02	SALDO PRECEDENTE		15.050,00
08.07.02	ASSEGNO N. 265174422	1.020,32	
03.09.02	VERSAMENTO SPORTELLO		835,00
04.11.02	ASSEGNO N. 265174423	126,25	
31.12.02	COMMISSIONE SU EFF. PRESENTATI	6,32	
	TOTALE MOVIMENTI	-317,89	
	SALDO FINALE A VS CREDITO		14.732,11

1. Che cosa indicano le sigle C. ABI, CAB e N. CONTO?
2. Che cosa indica la data 01.07.02?
3. Che periodo copre questo estratto conto?
4. Chi è il titolare del conto corrente?
5. Quante e quali operazioni sono state effettuate dal titolare del conto dall'1.07.02 al 31.12.02?

17 Comprendere la terminologia economica

Abbina ogni espressione al significato giusto.

espressione	significato
1. elenco	a. somma
2. movimenti	b. scorso
3. precedente	c. conclusivo
4. totale	d. lista
5. finale	e. operazioni

18 Fissare la terminologia economica

Rimetti in ordine questa lettera.

(1)

	SALDO FINALE A VS CREDITO		14.732,11

(2) LE VOSTRE COORDINATE BANCARIE ▶ COORDINATE BANCARIE C. ABI CAB N. CONTO **06856 06341 0423436571**

Marisa Grandi
Viale Libia 15
00199 Roma

(3)

	TOTALE MOVIMENTI	-317,89	

(4) ELENCO N. 27

(5)

01.07.02	SALDO PRECEDENTE		15.050,00
08.07.02	ASSEGNO N. 265174422	1.020,32	
03.09.02	VERSAMENTO SPORTELLO		835,00
04.11.02	ASSEGNO N. 265174423	126,25	
31.12.02	COMMISSIONE SU EFF. PRESENTATI	6,32	

(6)

DATA	OPERAZIONI	DARE	AVERE

(7) CI PREGIAMO INVIARVI L'ELENCO DEI MOVIMENTI CONTABILIZZATI SUL VOSTRO C/C SUCCESSIVAMENTE AL 30/06/2002 E FINO AL 31/12/02.

(8) BNL BANCA NAZIONALE DEL LAVORO

ESTRATTO AL 31.12.02
Del conto corrente n. 0423436571

19 Leggere

Ora leggi le informazioni sul Conto BancoPosta, il servizio bancario offerto dalle Poste Italiane.

Conto BancoPosta

Il conto corrente di Poste Italiane è pensato per gestire, in modo pratico e conveniente, tutte le esigenze di incasso e pagamento di privati e famiglie.
Il Conto BancoPosta è conveniente e le condizioni economiche sono sempre trasparenti e uguali per tutti. Il tasso d'interesse sulle somme depositate è pari al 2% lordo (1,46% netto), indipendentemente da quanto si ha sul conto.

Più lo usi più ti conviene.
Solo le prime 60 registrazioni in conto sono a pagamento (0,52 euro ciascuna), fino ad un massimo di 30,99 euro l'anno.
Il costo di tutte le registrazioni successive alle prime 60 è gratuito (è dovuta la tassa annuale stabilita per legge).

Il Conto BancoPosta è disponibile sempre e ovunque.
Grazie alla Carta Postamat Maestro il titolare può effettuare direttamente dal proprio conto, qualsiasi operazione di prelievo contante e pagamento in tutti gli uffici postali, anche il sabato mattina. Con la Carta Postamat Maestro è possibile prelevare da tutti gli sportelli automatici postali e da quelli bancari in Italia e nel mondo, che espongono i marchi Cirrus Maestro.

(adattato da: www.posteitaliane.it)

20 Capire

Cerca nel testo... e completa la tabella.

I vantaggi del Conto BancoPosta	
1. Numero massimo di operazioni a pagamento	
2. Costo di ogni operazione a pagamento	
3. Costo massimo annuale	
4. Tasso di interesse lordo	
5. Tasso di interesse netto	
6. Quali operazioni puoi fare con la carta Postamat Maestro	
7. Da cosa si riconoscono gli sportelli automatici che accettano Postamat Maestro	

21 Comprendere la terminologia economica

Abbina ogni espressione al suo contrario.

espressione	contrario
1. a pagamento	a. netto
2. massimo	b. versamento
3. prelievo	c. pagamento
4. lordo	d. minimo
5. incasso	e. gratis

22 Analizzare

Confronta queste due frasi del testo e spiega i diversi significati della parola "tasso" (maschile) e "tassa" (femminile).

Il tasso d'interesse sulle somme depositate è pari al 2% lordo.
È dovuta **la tassa** annuale stabilita dalla legge.

il tasso - i tassi
la tassa - le tasse

23 Comprendere la terminologia economica

TASSO o TASSA? Scegli l'espressione giusta.

1. Per legge, il titolare di un conto corrente deve pagare ***un tasso/una tassa*** annuale.
2. I libretti di risparmio al portatore offrono ***tassi/tasse*** d'interesse poco favorevoli.
3. L'interesse offerto dalla banca varia secondo ***la tassa/il tasso*** dell'inflazione.
4. Tutti i lavoratori devono pagare ***i tassi/le tasse*** sul reddito.
5. ***Il tasso/La tassa*** di disoccupazione è dello 0.5%.

note

1. ABI: Associazione bancaria italiana.
2. CAB: Codice di avviamento bancario.

Forme di pagamento

1 Leggere
Leggi il testo.

Le banche offrono diverse forme di pagamento. Le più usate sono: l'assegno, il bonifico bancario, la cambiale o la tratta.

- L'**assegno** può essere in Euro o in valuta estera. Per sicurezza generalmente si scrive sull'assegno la clausola "non trasferibile". Se è necessario spedire l'assegno per posta al beneficiario è bene farlo con lettera assicurata.

- Il **bonifico bancario**, cioè il trasferimento di denaro da un conto a un altro, è il mezzo più semplice e sicuro. Di solito si spedisce al beneficiario una fotocopia del bonifico, per dimostrare che il pagamento è stato effettuato, e si chiede una conferma del ricevimento.

- La **cambiale** può avere due forme: il pagherò cambiario e la tratta.
  a) Il **pagherò cambiario** (o **vaglia cambiario** o **pagherò**) è la promessa fatta da una persona (l'*emittente*) di pagare una determinata somma di denaro nel luogo e alla scadenza indicati a favore di un'altra persona (*beneficiario*).
  b) La **tratta** è l'ordine dato da una persona chiamata *traente* (che firma la cambiale) ad un'altra persona chiamata *trattario* di pagare alla scadenza indicata una determinata somma di denaro a favore di una terza persona, che è il *beneficiario*.

2 Capire
Rispondi alle domande.

1. Qual è la forma di pagamento più semplice e sicura?
2. Con quale forma di pagamento il traente emette un ordine incondizionato di pagamento?
3. In quale forma di pagamento si aggiunge la clausola "non trasferibile"?

3 Comprendere la terminologia economica
Abbina le espressioni del testo al significato giusto

riga n.	espressione del testo	significato
5	a. clausola	1. termine di tempo
5	b. non trasferibile	2. chi riceve un pagamento
6	c. beneficiario	3. condizione
15	d. scadenza	4. che non si può passare ad altri

4 Parlare

Discuti con i compagni.

1. Anche nel tuo Paese si usa scrivere la clausola "non trasferibile" sugli assegni che si mandano per posta?
2. Anche nel tuo Paese ci sono due forme diverse di "cambiale"?
3. Quale forma di pagamento si usa di più nel tuo Paese?
4. Conosci forme di pagamento diverse da quelle che hai visto nel testo dell'esercizio 1?

5 Fissare la terminologia economica

Ora completa il testo.

Per sicurezza, quando si spedisce un assegno è bene:

- inviare una lettera ______________;
- aggiungere la clausola "______________."

Nel pagherò cambiario intervengono due persone:

- l'______________, che sottoscrive la cambiale e si impegna a pagare la somma prevista;
- il ______________, che riceve la cambiale e quindi il pagamento.

Nella tratta si hanno tre persone:

- il ______________, che sottoscrive la cambiale;
- il ______________, che riceve l'ordine di pagare;
- il ______________, cioè la persona che riceve la tratta e potrà tenerla fino alla scadenza per riscuotere la somma.

6 Leggere

Leggi questa lettera.

Torino, 31 ottobre 2002

AMMINISTRAZIONE
Uff. Cont. Generale

Oggetto: nuove disposizioni in merito alle coordinate bancarie

Spettabile Società,

a seguito di accordi interbancari, dal prossimo mese di novembre **c.a.** risulterà **più oneroso** inviare bonifici bancari senza le coordinate complete.
Vi invitiamo pertanto ad indicarci d'ora in poi, insieme al **nominativo** ed al conto della Banca su cui effettuare i nostri bonifici, anche i relativi codici ABI e CAB.
Nell'occasione, Vi comunichiamo le nostre coordinate bancarie su cui effettuare le Vostre **rimesse**:

CREDITO ITALIANO
Sede di Torino – Via Arsenale 23
C/C N. 70760/00
ABI 2008
CAB 1000

ISTITUTO BANCARIO SAN PAOLO DI TORINO
Sedi di Piazza S. Carlo, 156 – Torino
C/C N. 7442
ABI 1025
CAB 1000

In attesa di una Vs. cortese risposta, porgiamo i nostri più distinti saluti.

7 Comprendere la terminologia economica

Ora scegli la spiegazione giusta.

1. c.a.:
a. circa ☐
b. come anche ☐
c. corrente anno ☐

2. più oneroso:
a. più onorevole ☐
b. più costoso ☐
c. più pericoloso ☐

3. nominativo:
a. indirizzo e numero di telefono ☐
b. nome e cognome ☐
c. data di nascita ☐

4. rimesse:
a. versamenti ☐
b. prelievi ☐
c. risparmi ☐

8 Fissare la terminologia economica

Completa il testo della lettera.

Spettabile Società,

____________ seguito ____________ accordi interbancari, dal prossimo mese di novembre c.a. risulterà più oneroso ____________ bonifici bancari senza le ____________ complete.
Vi invitiamo pertanto ad indicarci d'ora in poi, insieme al nominativo ed al ____________ della Banca su cui ____________ i nostri bonifici, anche i relativi ____________ ABI e CAB.
Nell'occasione, Vi comunichiamo le nostre coordinate bancarie su cui effettuare le Vostre ____________.

Investimenti finanziari

1 Capire

Leggi questa definizione di "titoli di Stato" e poi rispondi alle domande.

I titoli di Stato sono obbligazioni emesse da istituzioni pubbliche e sono quindi forme di finanziamento alla pubblica amministrazione.
Il risparmiatore che acquista un titolo di Stato riceverà periodicamente un interesse prestabilito e alla scadenza la restituzione del capitale versato.

1. Chi emette i titoli di Stato?
2. A chi va il finanziamento ottenuto con i titoli di Stato?
3. Alla scadenza del titolo, cosa riceve il risparmiatore?

2 Riflettere sulla lingua

Qual è l'infinito?

participio passato	**infinito**
emesse	________

3 Fissare la terminologia economica

Completa la tabella con i sostantivi mancanti, come nell'esempio.

verbi	sostantivi
emettere	*emissione*
istituire	
amministrare	
restituire	
scadere	
finanziare	

4 Capire

Ora guarda il grafico e individua:

a. l'interesse offerto in Giappone per i titoli triennali
b. l'interesse offerto in Germania per i titoli decennali
c. l'interesse offerto negli USA per i titoli quinquennali
d. l'interesse offerto in Italia per i titoli trentennali

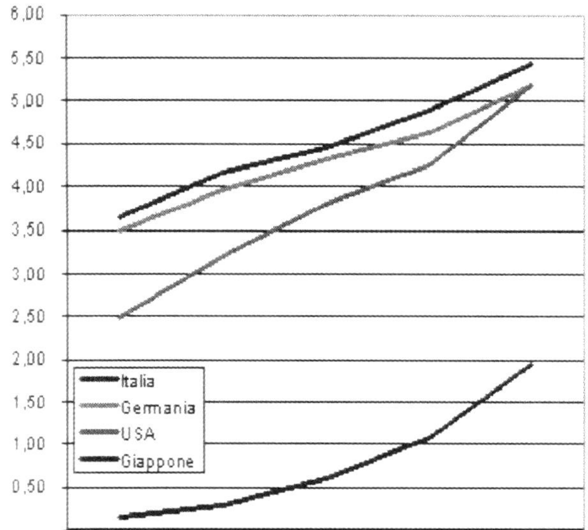

	3 anni	5 anni	7 anni	10 anni	30 anni
Italia	3,64	4,17	4,45	4,90	5,44
Germania	3,50	3,97	4,32	4,64	5,18
USA	2,48	3,21	3,81	4,24	5,18
Giappone	0,15	0,30	0,60	1,08	1,95

Titoli di Stato - curve dei rendimenti di Italia, Germania, Usa, Giappone - anno 2002

(tratto da: www.soldionline.it. Ultimo aggiornamento 28 ottobre 2002)

5 Leggere

Leggi il testo.

Investimenti finanziari in Italia - I titoli di Stato

In Italia esistono diverse forme di titoli di Stato. Queste sono le più comuni:

BOT - BUONI ORDINARI DEL TESORO
BTP - BUONI DEL TESORO POLIENNALI
CCT - CERTIFICATI DI CREDITO DEL TESORO

BOT
Nati alla fine degli anni '70, i Buoni Ordinari del Tesoro (BOT) sono diventati una delle forme di risparmio più apprezzate dalle famiglie italiane. Sono titoli a scadenza di 3, 6 e 12 mesi, con emissione quindicinale, tramite asta, senza indicazione di prezzo base.
L'asta dei BOT, come di tutti i titoli di Stato, ha luogo presso la Banca d'Italia.

BTP
I Buoni del Tesoro Pluriennali (BTP) sono titoli di Stato a medio-lungo termine a tasso fisso: attualmente vengono emessi BTP a 3, 5, 10 e 30 anni.
Dopo un periodo di "crisi" negli anni '70-'80 a causa dell'inflazione, dal 1985 è iniziata un'inversione di tendenza, grazie anche all'ingresso di investitori esteri nel mercato italiano.
Per i BTP valgono le stesse regole d'asta dei BOT.

CCT
I Certificati di Credito del Tesoro (CCT) a tasso variabile dal 1991 hanno una durata di 7 anni. I rendimenti sono indicizzati a quelli dei BOT.
Dal punto di vista fiscale, esistono tre categorie di CCT soggette ad aliquote diverse.

6 Sai coniugare?

valere
io *valgo*
tu *vali*
lui *vale*
noi *valiamo*
voi _________
loro _________

7 Capire

Vero o Falso? Rispondi con una X

	vero	falso
1. I BOT sono titoli di Stato.	☐	☐
2. I BTP hanno tasso variabile.	☐	☐
3. I BOT e i BPT si comprano all'asta.	☐	☐
4. Le tre categorie di Credito del Tesoro hanno differenti aliquote fiscali.	☐	☐

8 Comprendere la terminologia economica

Abbina le espressioni del testo al significato giusto.

riga n.	espressione del testo	significato
9	a. scadenza	1. vendita pubblica a chi offre di più
10	b. emissione	2. guadagni, frutti
10	c. tramite	3. persone che mettono dei soldi in un'impresa per avere un guadagno
10	d. asta	4. termine di tempo
15	e. fisso	5. con valore variabile, collegati a un indice di riferimento
16	f. inflazione	6. attaverso
17	g. inversione di tendenza	7. eccessivo aumento dei soldi in circolazione in un Paese
17	h. investitori	8. cambiamento di un certo orientamento
22	i. rendimenti	9. uscita, messa in circolazione
22	l. indicizzati	10. percentuale che si deve calcolare per determinare una certa tassa
23	m. aliquote	11. che non cambia, sempre uguale

9 Fissare la terminologia economica

Cercaparole. Cerca le 12 espressioni nascoste nello schema. Le parole sono disposte dall'alto in basso, dal basso in alto, da destra a sinistra o da sinistra a destra. Poi scrivi ogni espressione vicino alla sua definizione, come nell'esempio.

P	O	F	A	T	O	U	Q	I	L	A	T	B
R	E	N	D	I	M	E	N	T	O	T	**T**	U
E	T	B	B	I	L	I	M	E	N	R	**A**	O
L	Z	E	O	N	I	G	G	H	D	I	**S**	N
I	S	S	I	L	U	P	P	O	F	P	**S**	I
E	U	T	E	B	O	N	I	F	I	C	**O**	D
V	E	R	F	A	E	P	Q	U	I	L	U	E
O	T	A	Q	N	T	E	L	D	U	A	I	L
P	L	T	C	C	G	E	S	Y	I	T	M	T
D	O	T	O	A	H	Z	Z	P	N	E	C	E
H	C	O	T	R	A	T	T	A	O	F	O	S
G	O	C	I	S	G	A	S	T	I	N	M	O
L	R	O	A	O	T	N	E	M	U	A	T	R
D	T	N	P	L	N	F	E	L	N	C	L	O
Z	A	T	H	I	G	A	T	S	A	L	A	T
L	A	O	I	A	S	S	E	G	N	O	O	N

1. Valore, misura: ***TASSO***
2. Incremento, ingrandimento, crescita:
3. Il documento bancario che contiene tutte le informazioni sulle operazioni fatte con un conto corrente:
4. Trasferimento di denaro da un conto a un altro:
5. Guadagno:
6. Istituto di credito:
7. Vendita pubblica a chi offre di più:
8. Ordine di pagamento dato da una persona ad un'altra a favore di una terza:
9. Il ritiro di soldi da un conto bancario:
10. Titoli di Stato a tasso fisso:
11. Percentuale che si deve calcolare per determinare una certa tassa:
12. Un mezzo di pagamento:

10 E per finire...

Abbina le frasi ai disegni e ricostruisci la storia (le frasi sono in disordine).

a. **La signora propone al presidente una scommessa: vuole scommettere 25.000 € che lui ha due alluci per piede. Il presidente accetta perché è sicuro di vincere.**

b. **La signora chiede insistentemente ad un impiegato di parlare con il presidente per avere una consulenza finanziaria.**

c. **Il giorno dopo, all'appuntamento, in presenza della signora e dell'avvocato il presidente si toglie scarpe e calzini per mostrare i suoi piedi perfetti. Ma l'avvocato è disperato.**

d. **Un'anziana signora entra nella Banca Italiana con un sacco pieno di denaro.**

e. **Incuriosito però, il presidente chiede alla signora come mai ha tanti soldi contanti. La signora risponde che li ha vinti con le scommesse.**

f. **Il presidente e la signora si danno appuntamento per il giorno dopo alle 10. La signora dice che porterà anche il suo avvocato.**

g. **Il presidente le propone diverse forme di investimento.**

h. **Dopo tanta insistenza la signora ottiene il colloquio con il presidente. Una volta entrata la signora spiega al presidente che vuole investire 165.000 €.**

i. **Il presidente chiede alla signora perché l'avvocato è disperato e lei risponde: "Io ho detto al mio avvocato: scommettiamo 100.000 € che domani il presidente della Banca Italiana si toglierà scarpe e calzini davanti a noi? E lui ha detto sì".**

IL CLIENTE HA SEMPRE RAGIONE.
165.000 €
-BOT
-CCT
-LIBRETTO DI RISPARMIO
Scommesse?!
25.000 €
Allora a domani con il mio avvocato.

Sezione D
Business plan e marketing

Il business plan

1 Ipotizzare

a) Secondo te, come possiamo tradurre in italiano "Business Plan"? Scegli la definizione che ti sembra più appropriata.

contratto ☐
piano d'impresa ☐
campagna pubblicitaria ☐

b) Secondo te, chi sono i destinatari di un business plan? Completa lo schema.

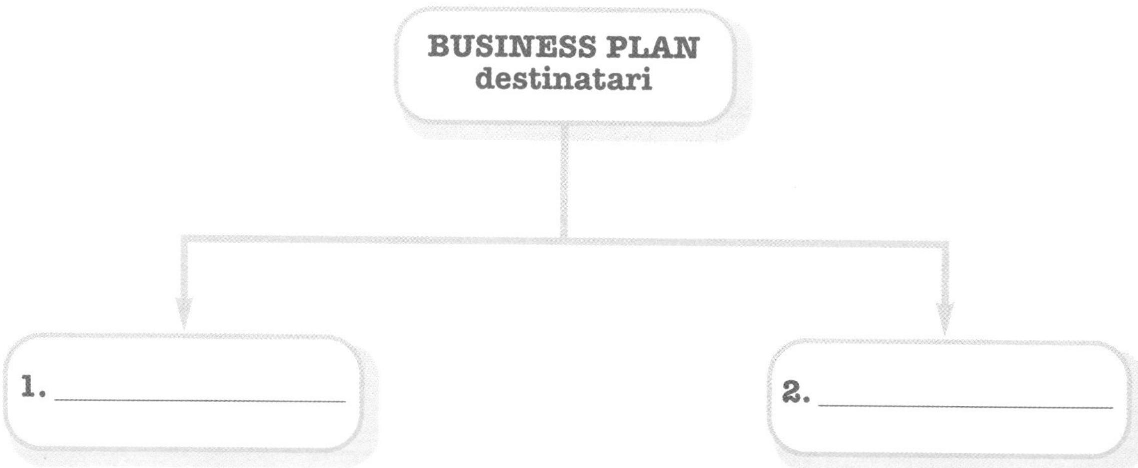

2 Leggere

Ora leggi il testo e verifica le tue risposte.

Il business plan

Il business plan (o piano d'impresa) è un documento in cui:

- si descrive un'idea imprenditoriale;
- si valuta il successo economico di questa idea.

L'obiettivo principale di un business plan è di convincere che l'attività imprenditoriale proposta è realizzabile e che gli investimenti fatti per realizzarla saranno sufficientemente redditizi. Un business plan è rivolto a:

1) **l'aspirante imprenditore**. La preparazione del documento permette di esaminare tutti gli aspetti della nuova attività, di valutare le possibili conseguenze delle diverse strategie finanziarie, produttive, organizzative e commerciali. Aiuta quindi l'aspirante imprenditore a capire se la sua idea imprenditoriale ha possibilità di ottenere un buon risultato.

2) **gli investitori e i finanziatori esterni**. Questi devono decidere se finanziare l'idea dell'aspirante imprenditore (l'aspirante imprenditore ha esperienza nel settore? La sua esperienza può essere utile per la nuova attività?).

(adattato da: www.provincia.bologna.it)

3 Comprendere la terminologia economica

La parola "investimenti" può avere due significati. Scegli quello più adatto al contesto.

1. investimenti *(riga 7):*

a. incidenti stradali ☐

b. i soldi che si mettono per finanziare un'idea imprenditoriale ☐

Ora scegli il significato giusto di queste espressioni.

2. redditizi *(riga 8):*

a. costosi, poco vantaggiosi ☐

b. che portano un guadagno ☐

3. aspirante imprenditore *(riga 10):*

a. una persona che vuole diventare imprenditore ma ancora non lo è ☐

b. una persona che fa l'imprenditore da molti anni ☐

4 Parlare

Hai già sentito parlare di business plan? Parlane con un tuo compagno e poi con il resto della classe.

5 Analizzare

Cerca nel testo dell'esercizio 2 tutte le frasi con le preposizioni articolate e scrivile nella tabella. Poi scrivi da cosa è composta ogni preposizione, come nell'esempio.

frase del testo	preposizione articolata
1. *La preparazione* ***del*** *documento* ⇨	***del*** *(di+il)*
2.	
3.	
4.	
5.	

6 Esercizio sulle preposizioni articolate

Marco Sartori, aspirante imprenditore, descrive ai finanziatori la sua idea imprenditoriale. Completa il testo con le preposizioni articolate, come nell'esempio.

"La mia idea si basa *(su)* ***sull'*** esperienza che ho raccolto durante anni di lavoro *(in)* __________ settore *(di)* __________ calzature. Per l'attuazione *(di)* __________ mio progetto conterei *(su)* __________ appoggio di voi finanziatori. Per molti anni ho lavorato per le aziende più famose *(in)* __________ esportazione *(a)* __________ estero *(di)* __________ scarpa made in Italy. La nostra azienda disporrà *(di)* __________ migliori stilisti e *(di)* __________ migliore manodopera presente *(su)* __________ mercato. Siamo convinti che la qualità *(di)* __________ nostri prodotti sarà il nostro biglietto da visita in tutto il mondo.
Ecco il nostro business plan, leggetelo e convincetevi."

7 Rebus

Nel testo che hai letto c'è una parola nuova.
Fai il rebus e scopri qual è.

1 parola di
10 lettere: _ _ _ _ _ _ _ _ _ _

Hai capito qual è la parola? Il suo significato è "lavoratori manuali", "operai".

8 Leggere

Leggi il testo.

Le Ricette

La giusta ricetta per un business plan di successo

Per preparare il vostro business plan avete bisogno dei seguenti ingredienti:

100 grammi di sinteticità
100 grammi di comprensibilità
100 grammi di credibilità
100 grammi di realizzabilità
100 grammi di completezza

Prendete gli ingredienti e mescolateli bene. Attenzione! Non dovete aumentare le dosi. Bene, il vostro business plan è pronto per essere servito.

9 Parlare

Se pensi al tuo Paese, aggiungeresti degli ingredienti alla ricetta per un business plan di successo? Parlane in classe.

10 Analizzare

Nella ricetta ci sono tre verbi all'imperativo. Quali sono?

1. ________________ 2. __________________ 3. _________________

11 Sai coniugare?

infinito	imperativo			
valut**are** ⇒	TU valut**a**	LEI valut**i**	NOI valuti**amo**	VOI valut_____
convinc**ere** ⇒	TU convinc**i**	LEI convinc**a**	NOI convinc**iamo**	VOI convinc___
costitu**ire** ⇒	TU costituisc**i**	LEI costituisc**a**	NOI costitu____	VOI costitu____

imperativo negativo	
(TU) non valutare! **PERÒ** ⇒	(LEI) non valuti! (NOI) non valutiamo! (VOI) non valutate!

12 Riflettere sulla lingua

Paragona le forme dell'imperativo a quelle del presente. Che cosa noti? Come si forma la negazione con l'imperativo?

13 Esercizio sull'imperativo

Metti i verbi all'imperativo e completa le frasi.

1. Signorina, *(spedire)* ______________ il nuovo business plan alla nostra banca.
2. Maria, *(rispondere)* ______________ alla lettera della ditta P&P per favore!
3. Marco e Paolo, *(ritornare)* ______________ ai vostri posti di lavoro! La Borsa ha aperto in questo momento.
4. *(voi/vendere)* ______________ immediatamente le azioni della P&P!
5. Signorina, *(sentire)* ______________! Mi può portare l'agenda per favore?
6. Paolo *(tu/venire)* ______________ al telefono! C'è l'ingegner Motta per te sulla linea 2.
7. *(noi/andare)* ______________ via! Con la vostra azienda è davvero impossibile trovare un punto d'accordo!
8. Dott. Novello, *(scrivere)* ______________ il rapporto finanziario! Non posso aspettare oltre!
9. Voi non *(partecipare)* ______________ al progetto! È chiaro?
10. Per favore Carlo, non *(dire)* ______________ al dottor Fresco che sono arrivato in ritardo.

14 Completare

Come dev'essere un buon business plan? Completa lo schema con gli aggettivi della lista.

completo - comprensibile - credibile - sintetico

Un Business Plan di successo è...

1. ______________ ma esauriente

2. ___________ anche ai non esperti di quel settore

3. _____________ di tutti i dati economico-finanziari

4. ___________ e cioè basato su previsioni realistiche e facilmente verificabili

15 Leggere

Leggi il testo.

Non esiste un modello unico per la scrittura di un business plan ma ci sono delle regole di forma e contenuto.

Prima del business plan va fatto un Executive Summary, un riassunto del documento che, in una o due pagine al massimo, riassume l'iniziativa, gli obiettivi, le strategie, la previsione dei costi, i finanziamenti richiesti e il loro uso.
Questo riassunto evidenzia gli aspetti positivi del progetto.

Il business plan non deve essere molto lungo, 50 pagine sono più che sufficienti.

I fattori da sottolineare sono almeno tre:
1) gli **obiettivi**;
2) la **ricerca di mercato** e il piano di marketing;
3) il **conto economico** (che indica costi e ricavi).

16 Riassumere

Riassumi il testo abbinando le frasi di sinistra con quelle di destra.

1. L'Executive Summary	a. deve essere di circa 50 pagine.
2. Il business plan	b. è un riassunto del business plan.
3. Il riassunto	c. obiettivi, ricerca di mercato, conto economico.
4. I fattori da sottolineare in un business plan sono:	d. deve essere di circa 2 pagine.

17 Comprendere la terminologia economica

Abbina le espressioni del testo al significato giusto.

riga n.	espressione del testo	significato
4	a. riassunto	1. spese, uscite
6	b. richiesti	2. analisi delle caratteristiche di un settore commerciale
13	c. ricerca di mercato	3. documento in cui sono descritte nei dettagli le strategie di vendita
13	d. piano di marketing	4. sintesi
14	e. costi	5. guadagni, entrate
14	f. ricavi	6. necessari

18 Fissare la terminologia economica

Scegli l'espressione giusta.

1. Il business plan è un documento in cui si descrive un'idea ***contrattuale/aspirante/imprenditoriale***.
2. Il business plan si rivolge all'imprenditore e ***agli investitori/ai creditori/ai concorrenti***.
3. L'obiettivo principale di un business plan è di convincere che l'attività proposta è ***realizzata/realizzabile/irrealizzabile*** e che gli investimenti saranno ***redditizi/finanziari/economici***.
4. L'Executive Summary riassume l'iniziativa, gli obiettivi, le strategie, la previsione dei costi, i ***debiti/finanziamenti/ricavi*** richiesti e il loro uso.
5. Il business plan deve contenere ***una ricerca di mercato/un mercato di ricerca/un mercato ricercato*** e un piano di marketing.
6. Il conto ***finanziario/imprenditoriale/economico*** indica i costi e i ricavi.

Le strategie di marketing

1 Ipotizzare

Secondo te, quali sono gli scopi principali del marketing? Parlane con un compagno.

2 Leggere

Ora leggi il testo e verifica le tue ipotesi.

Il mercato di riferimento

Uno degli scopi principali del marketing è quello della ricerca e apertura sistematica del **mercato di riferimento**.

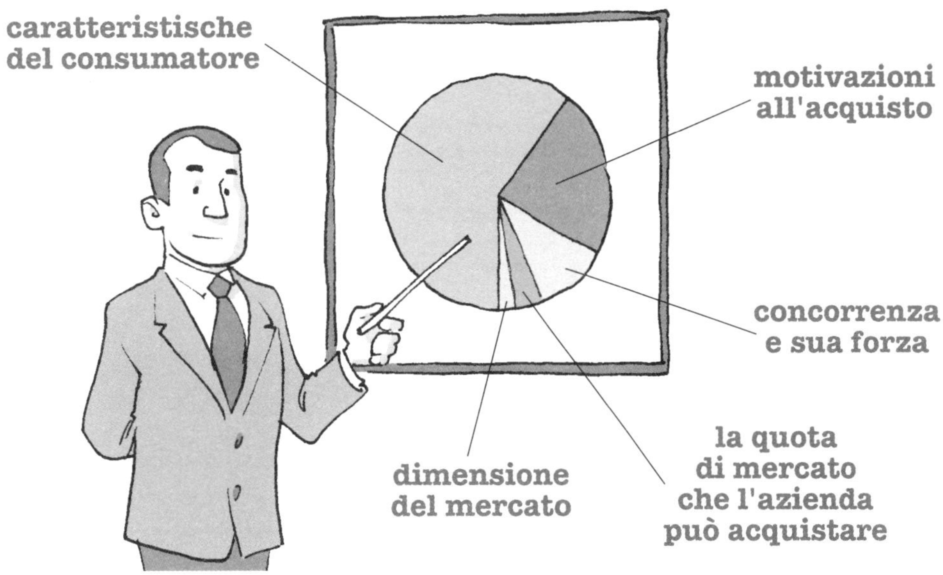

Un altro scopo importante è influenzare il mercato con l'impiego di tutti gli strumenti del marketing-mix.

- Quale offerta di prestazioni e soluzioni deve presentare l'impresa al mercato? In quale modo? (politica dell'assortimento e dei prodotti)
- A chi e in quale modo l'impresa deve vendere o affittare i prodotti? (politica della distribuzione)
- A quali condizioni l'impresa deve offrire i beni ed i servizi al mercato? (politica contrattuale)
- Quali misure di comunicazione con i partecipanti al mercato l'impresa deve prendere per vendere i beni ed i servizi offerti? (politica di comunicazione)

(adattato da: www.romalavoro.net)

3 Comprendere la terminologia economica

Trova nel testo dell'esercizio 2 il contrario di ogni espressione.

espressione	contrario nel testo
1. produttore	
2. vendita	
3. domanda	

4 Comprendere la terminologia economica

Trova nel testo dell'esercizio 2 il sinonimo di ogni espressione.

espressione	sinonimo nel testo
1. competizione	
2. grandezza	
3. parte	
4. obiettivo	

5 Leggere e comprendere la terminologia economica

Leggi il testo ed inserisci al posto giusto i 4 elementi del marketing mix (le parole con la P).

Prezzo   Punto vendita   Prodotto   Promozione

Il marketing mix

Allo scopo di delineare le strategie di marketing si punta sul **modello delle 4 P**:

1. ________________ = la merce che si vuole vendere.

2.________________ = il risultato di un calcolo che considera il valore percepito dal cliente, il prezzo praticato dalla concorrenza per prodotti simili, i costi di produzione, i costi di distribuzione, le strategie di promozione.

3. ________________ = pubblicità, lancio del prodotto, relazioni pubbliche, marketing diretto, ecc.

4. ________________ = distribuzione.

L'insieme di questi elementi necessari al conseguimento degli obiettivi di marketing è chiamato **marketing mix**.

6 Fissare la terminologia economica

Quali sono gli elementi che caratterizzano il mercato di riferimento e il marketing mix? Mettili al posto giusto nella tabella.

caratteristiche del consumatore **concorrenza** **dimensione del mercato**
distribuzione **motivazioni all'acquisto** **prezzo** **prodotto**
promozione **quota di mercato che l'azienda può acquistare**

mercato di riferimento	marketing mix

7 Ipotizzare

Un prodotto si può distribuire in diversi modi. Quanti e quali tipi di distribuzione conosci?

8 Comprendere la terminologia economica

Ora abbina il tipo di distribuzione alla descrizione giusta.

tipo di distribuzione	descrizione
1. catena di negozi	a. grande supermercato che vende prodotti alimentari ma ha anche una vasta gamma di articoli non alimentari
2. vendita all'ingrosso	b. vendita dei prodotti direttamente al consumatore
3. vendita per corrispondenza	c. vendita dei prodotti ai venditori al dettaglio a un prezzo più basso
4. ipermercato	d. negozi che hanno tutti lo stesso nome e vendono tutti gli stessi tipi di prodotti
5. vendita al dettaglio	e. vendita dei prodotti per posta

9 Fissare la terminologia economica

Caccia all'intruso! Elimina l'elemento che non fa parte del gruppo.

Modello delle 4 P
prodotto - prezzo - patrimonio - promozione - punto vendita

Prezzo
valore percepito dal cliente - prezzo praticato dalla concorrenza per prodotti simili - costi di produzione - costi di distribuzione - catena di negozi

Promozione
pubblicità - lancio del prodotto - assunzione - relazioni pubbliche - marketing diretto

Punto vendita
grossista - distributore - catena di montaggio - negozio al dettaglio - ipermercato - vendita per corrispondenza

10 Fissare la terminologia economica.

Completa il cruciverba.

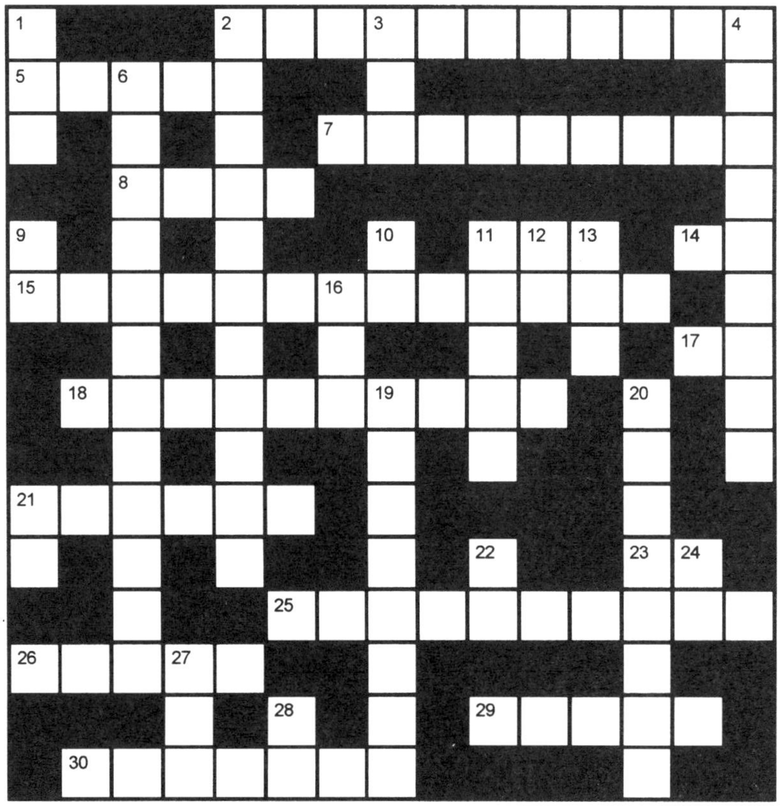

ORIZZONTALI ➛

2. Chi utilizza beni o servizi.
5. ..., secondo, terzo.
7. Tipo di vendita diretta al consumatore.
8. Sotto il direttore c'è il _ _ _ _ DIRETTORE.
11. Il contrario di "meno".
14. Si dice quandi non si è d'accordo.
15. Punto vendita.
17. Il contrario di "no".
18. Grandezza.
21. Una delle 4 "P" del marketing mix.
23. Preposizione semplice.
25. Pubblicità, lancio del prodotto, relazioni pubbliche, marketing diretto.
26. Parte del mercato.
29. Uscite, spese.
30. Insieme degli scambi di tutti i prodotti in un determinato Paese o in una determinata area.

VERTICALI ↓

1. Società per azioni.
2. Situazione di competitività tra produttori di beni o servizi uguali.
3. Mie, tue, ...
4. Il conto dove sono indicati i costi e i ricavi.
6. I soldi che si mettono per finanziare un'idea imprenditoriale.
9. Amministratore Delegato.
10. Io, ..., lui, lei, noi, voi, loro.
11. Documento in cui sono descritte nei dettagli le strategie di vendita: _ _ _ _ _ DI MARKETING.
12. La prima persona.
13. Il primo numero.
16. Due volte.
19. Tipo di vendita ai negozi al dettaglio a un prezzo più basso.
20. La merce che si vuole vendere.
21. Personal Computer.
22. Articolo determinativo maschile.
24. Preposizione di luogo.
27. Dopo il bis.
28. Articolo determinativo femminile.

11 E per finire...

Abbina le frasi ai disegni.

Vuoi fare il "playboy"? È tutta questione di marketing!
Non importa di che cosa vi occupate. Una base di marketing è sempre utile.

a. Questa è pubblicità.

b. Questo è il potere di un marchio.

c. Questo è telemarketing.

d. Questo è direct marketing.

Sezione E
eCommerce e globalizzazione

L'eCommerce

1 Ipotizzare

Secondo te, come possiamo tradurre in italiano "eCommerce"?

a. commercio elettrico ☐
b. commercio via email ☐
c. commercio elettronico ☐

2 Parlare

Secondo te quali di queste attività commerciali possono essere svolte attraverso Internet senza un contatto personale fra le due parti coinvolte? Parlane con un compagno!

a. commercio di software e hardware ☐
b. commercio di medicinali ☐
c. trasferimenti di fondi ☐
d. operazioni borsistiche ☐
e. appalti pubblici ☐
f. assunzione di personale ☐

3 Leggere

Adesso confronta le tue risposte con la Comunicazione della Commissione Europea del 18 aprile 1997 che dà una definizione di commercio elettronico.

Il commercio elettronico, basato sul trattamento elettronico e la trasmissione dei dati, comprende le attività più diverse, che vanno dal commercio di beni e servizi alla consegna on-line di informazioni digitali, passando per i trasferimenti elettronici di fondi, le operazioni borsistiche, gli appalti pubblici...

(tratto da: http://europa.eu.int)

Lo sapevi?

L'appalto è un contratto con cui un'impresa si impegna a fare un lavoro pagato.
La gara d'appalto è un concorso per assegnare un appalto.

4 Capire

Scegli per ogni testo il titolo giusto. Attenzione, uno è di troppo e non va usato!

n° _ Comunicazione aziendale online

n°_ Appalti in rete

n° _ Operazioni borsistiche online

n°_ Transazioni economiche online

1. Con la rete Internet è possibile operare, in modo assolutamente sicuro, sulla borsa italiana (acquistare e vendere azioni, trasferire fondi, ecc).

(adattato da: www.bancadiviterbo.it)

2. I sistemi di pagamento elettronico sono molti. I più importanti sono: il sistema Fedwire, il sistema Chips e il sistema Swift. Fedwire per esempio, consente di effettuare 250 mila operazioni al giorno, per un totale medio di circa 1.000 miliardi di dollari.

(adattato da: www.axiaonline.it)

3. Il software per la gestione della rete di vendita permette alle imprese di lavorare a stretto contatto con i propri agenti e distributori in ogni momento. Le informazioni su prodotti, sulle politiche commerciali, sui contratti e sulla contabilità viaggiano online, in un ambiente protetto e operativo tutto l'anno, 24 ore su 24.

(adattato da: www.opificidigitali.it)

5 Comprendere la terminologia economica

Scegli il significato giusto per ogni espressione.

1. transazioni:
a. messaggi ☐
b. analisi ☐
c. operazioni ☐

2. fondi:
a. titoli finanziari, investimenti ☐
b. costi ☐
c. dipendenti di un'impresa ☐

3. contabilità:
a. il sistema di controllo dei conti in un'azienda ☐
b. marketing ☐
c. il sistema di controllo dei dipendenti in un'azienda ☐

Riflettere sulla lingua

Maschile o femminile?

RICORDA

- i nomi in *-mento* sono maschili: *il trattamento, il trasferimento*
- i nomi in *-ione* sono femminili: *la trasmissione, l'operazione*

6 Ipotizzare

Quali delle seguenti sigle tratte dall'inglese possono riferirsi ad attività di commercio elettronico?

2BB — C2C — CC2 — CC2B

B2C — BCB — B2B

7 Comprendere la terminologia economica

Adesso abbina ogni sigla alla sua spiegazione.

1. **B2B** Business to Business
2. **B2C** Business to Consumer
3. **C2C** Consumer to Consumer

A. Scambi tra consumatori. Chiunque può vendere qualsiasi cosa. I controlli sono pochi e la protezione della legge non è sempre garantita.

B. Commercio elettronico tra aziende. È la parte più consistente del commercio elettronico, dal momento che almeno l'80% del commercio elettronico avviene tra aziende.

C. Commercio elettronico diretto al consumatore finale. È il tipo di commercio elettronico più conosciuto, ma in realtà, secondo stime molto attendibili, rappresenta la parte minore del commercio elettronico (meno del 20%).

8 Fissare la terminologia economica

Completa il testo con le parole della lista.

appalti - commercio - operazioni - trasferimenti - trasmissione - trattamento

Il commercio elettronico, basato sul ____________ elettronico e la ____________ dei dati, comprende le attività più diverse, che vanno dal ____________ di beni e servizi alla consegna on-line di informazioni digitali, passando per i ____________ elettronici di fondi, le ____________ borsistiche, gli ____________ pubblici...

Il sito di commercio elettronico

1 Leggere

Scegli il titolo giusto per questo testo.

1. I pro e i contro di una presenza sul Web

2. I vantaggi di una presenza sul Web

3. Le possibili conseguenze di una presenza sul Web

4. I costi di una presenza sul Web

Titolo:______________________________

Gli aspetti positivi derivanti da un'attività di commercio elettronico **oltre o in sostituzione** di quello tradizionale sono molti. Essi possono essere riassunti sinteticamente in questo modo:

- pubblicità a basso costo e a grande diffusione
- possibilità di entrare in contatto interattivo con il cliente
- miglioramento dell'immagine della propria azienda
- possibilità di sviluppo di nuove opportunità di affari
- raggiungimento di target altrimenti impossibili
- rapidità di comunicazione e di risposta al cliente
- possibilità di raccogliere dati sul numero di persone che si sono collegate al sito
- classifica delle pagine più visitate
- individuazione dell'area di provenienza del visitatore (aziendale, scolastica, governativa).

Questo feed-back vi fornirà una serie di informazioni sulla tipologia del possibile cliente, e vi permetterà di definire meglio la vostra strategia di marketing.

(adattato da: http://db.aicel.org)

2 Comprendere la terminologia economica

Scegli il significato giusto per ogni espressione.

1. a basso costo *(riga 5):*
a. molto economica, poco costosa ☐
b. poco economica, molto costosa ☐

2. interattivo *(riga 6):*
a. che permette uno scambio di informazioni ☐
b. sicuro, protetto ☐

3. sviluppo *(riga 8):*
a. diminuzione, discesa ☐
b. aumento, crescita, progresso ☐

4. target *(riga 9):*
a. guadagno, successo economico ☐
b. obiettivo, finalità ☐

5. rapidità *(riga 10):*
a. velocità ☐
b. lentezza ☐

3 Ipotizzare

Secondo te quali di queste espressioni si riferiscono al settore ***commercio*** *e quali al settore* ***informatica****?*

	commercio	informatica
pagina web	☐	☐
pubblicità	☐	☐
affari	☐	☐
collegarsi al sito	☐	☐
strategia di marketing	☐	☐
acquirente	☐	☐
brochure-on-line	☐	☐
acquisto	☐	☐
scaricamento	☐	☐
visualizzare	☐	☐
carrello virtuale	☐	☐
logistica in entrata	☐	☐
navigare	☐	☐
cassa virtuale	☐	☐
logistica in uscita	☐	☐

4 Comprendere la terminologia economica

Cosa bisogna fare prima di partire con un sito di commercio elettronico? Abbina le espressioni di sinistra a quelle di destra e ricostruisci i consigli della Camera di commercio di Padova.

1. Prima di tutto bisogna decidere quali	a. gli aspetti organizzativi dell'azienda.
2. Poi, per individuare i potenziali clienti, è essenziale fare	b. un modulo con la raccolta dei dati personali.
3. È necessario analizzare molto bene le attività	c. un sito Internet di "esposizione" per creare un primo contatto con il cliente.
4. È consigliabile costruire	d. un'accurata analisi di mercato.
5. È importante non	e. appesantire il sito con grafica e immagini troppo pesanti.
6. Un terzo dei potenziali clienti	f. dei concorrenti diretti e indiretti.
7. È fondamentale decidere subito quali	g. forme di pagamento si vogliono offrire al cliente.
8. È essenziale curare molto	h. rinuncia a fare un acquisto a causa della lentezza del sito.
9. È importante inserire nel sito	i. sono gli obiettivi commerciali che l'azienda vuole raggiungere.

5 Leggere

Ora leggi il testo completo e verifica le tue ipotesi.

È bene fare alcune riflessioni prima di partire con un'iniziativa di commercio elettronico. Dopo aver deciso quali sono gli obiettivi commerciali che l'azienda vuole raggiungere e dopo aver fatto un'accurata analisi di mercato, è necessario in particolare:

- analizzare molto bene le attività on-line dei concorrenti diretti ed indiretti;
- costruire un sito Internet di "esposizione" nel quale si crea un primo contatto con il cliente, si fa la pubblicità del prodotto e un po' di marketing. È, in effetti, una semplice brochure on-line, una presentazione a basso costo e dai risultati spesso sorprendenti;
- pianificare accuratamente la struttura e l'apparenza del sito per evitare di partire a caso: non appesantire troppo le pagine con grafica e immagini che rallentano molto lo scaricamento o che non sono visualizzabili da tutti i browser. In genere un navigatore Internet si stanca presto di aspettare e cambia sito. Il tempo massimo di scaricamento di una pagina dovrebbe essere non più di 8-10 secondi. Secondo una ricerca della Zona Research un terzo dei potenziali acquirenti rinuncia ad un acquisto a causa della lentezza nello scaricamento delle pagine;
- prevedere un carrello virtuale ed una cassa virtuale;
- decidere subito quali forme di pagamento si vogliono offrire al cliente on-line (carta di credito, pagamento alla consegna, ecc.);
- curare molto gli aspetti organizzativi dell'azienda come la logistica in uscita (spedizione della merce al consumatore o all'altra azienda), la logistica in entrata, ecc. Inoltre è molto importante che l'azienda risponda alle e-mail entro e non oltre le 24 ore;
- inserire sul sito un modulo per la raccolta di dati personali (attenzione alla legge sulla privacy!) e quindi raccogliere informazioni preziose per il proprio marketing mix.

(adattato da: www.pd.camcom.it e da http://db.aicel.org)

Riflettere sulla lingua

Osserva queste due frasi:

È bene fare alcune riflessioni
È molto importante che l'azienda risponda alle e-mail

È bene fare alcune riflessioni	
è bene è necessario è opportuno è meglio è importante ecc.	**+ infinito**

È molto importante che l'azienda risponda alle e-mail	
è bene è necessario è opportuno è meglio è importante ecc.	**+ che + soggetto + congiuntivo**

6 Sai coniugare?

presente congiuntivo	
avere	**essere**
(che) io *abbia*	(che) io __________
(che) tu *abbia*	(che) tu *sia*
(che) lui/lei/Lei *abbia*	(che) lui/lei/Lei __________
(che) noi __________	(che) noi __________
(che) voi __________	(che) voi __________
(che) loro __________	(che) loro __________

Riflettere sulla lingua

RICORDA.
Questo è lo schema del presente congiuntivo.

presente congiuntivo		
-are → **-i** **-ere/-ire** → **-a**	assicur**are**	vend**ere**
	(che) io/tu/lui/lei assicur**i**	(che) io/tu/lui vend**a**
	(che) noi assicuriamo	(che) noi vendiamo
	(che) voi assicuriate	(che) voi vendiate
	(che) loro assicur**ino**	(che) loro vend**ano**

7 Esercizio sul congiuntivo

Metti i verbi al congiuntivo presente e completa il testo.

Secondo la Camera di Commercio di Padova, è necessario che le ditte *(identificare)* ____________ i concorrenti diretti ed indiretti e *(analizzare)* ____________ attentamente la loro attività su Internet. È poi indispensabile che i responsabili *(decidere)* ____________ chi saranno i potenziali clienti. È importante anche che la ditta *(prestare)* ____________ molta attenzione agli aspetti organizzativi, cioè la spedizione delle merci, la risposta ad eventuali richieste di informazioni, ecc.

8 Esercizio sull'infinito

Trasforma le frasi come nell'esempio.

*È importante **che l'azienda abbia** un programma di monitoraggio del proprio sito.* ⇨
*È importante **avere** un programma di monitoraggio del proprio sito.*

1. È necessario che l'azienda prepari un sito chiaro e facile da navigare.
2. È importante che i programmatori controllino il funzionamento di tutti i link.
3. È utile che l'azienda preveda anche una pagina per i commenti dei clienti.
4. È necessario che l'azienda fornisca nomi e indirizzi e-mail di chi ha realizzato il sito.
5. È particolarmente utile che la ditta abbia sul sito anche un modulo per la raccolta dei dati personali.

9 Esercizio sul congiuntivo

Trasforma le frasi come negli esempi (in tutte le frasi il soggettto del congiuntivo è "la ditta").

*È molto importante **avere** un bel sito Internet.* ⇨
*È molto importante **che la ditta abbia** un bel sito Internet.*

*È necessario **avere** un catalogo online di facile consultazione.* ⇨
*È necessario **che la ditta abbia** un catalogo online di facile consultazione.*

1. Per migliorare le attività di marketing, è utile catalogare i dati sui visitatori del sito Internet.
2. È importantissimo garantire la sicurezza dei pagamenti effettuati con carta di credito.
3. Una volta venduta la merce, è assolutamente necessario assicurare la rapidità della consegna.
4. Per non perdere credibilità, è consigliabile anche rispondere entro 24 ore alle richieste di informazioni.

10 Capire

Cosa deve apparire in un sito per il commercio elettronico? Guarda questo menu e abbina ad ogni titolo la descrizione giusta.

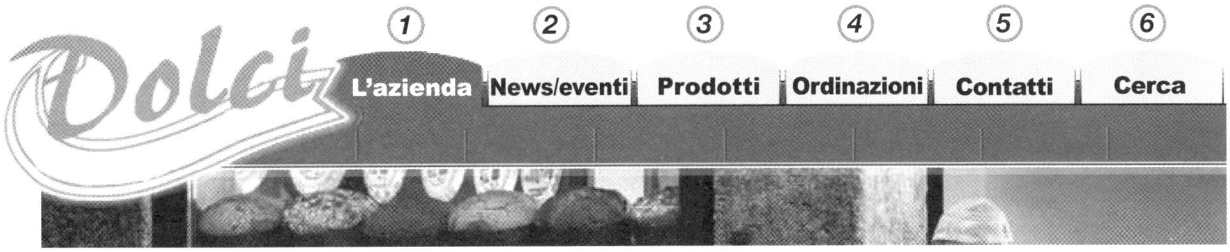

n°__: notizie recenti riguardanti la ditta   n°__: modulo per effettuare acquisti online

n°__: storia e sviluppo della ditta   n°__: modulo per richiesta di informazioni via email

n°__: stringa per trovare prodotti o altre informazioni relative alla ditta   n°__: catalogo

11 Capire

Che confusione! Le informazioni di queste pagine web sono state inserite sotto il titolo sbagliato. Rimettile al posto giusto.

12 Parlare

Fai mai acquisti on-line? Quali sono secondo te i vantaggi/gli svantaggi del commercio elettronico? Parlane con i compagni.

13 Fissare la terminologia economica

Completa il testo con le espressioni della lista.

analisi di mercato - acquirenti - acquisto - aspetti - carrello - cassa - cliente - cliente - commercio elettronico - concorrenti - consegna - costo - "esposizione" - logistica - logistica - modulo - pagamento - pianificare - raccogliere - raggiungere - risponda - scaricamento - scaricamento

È bene fare alcune riflessioni prima di partire con un'iniziativa di ________________. Dopo aver deciso quali sono gli obiettivi commerciali che l'azienda vuole ________________ e dopo aver fatto un'accurata ________________, è necessario in particolare:

- analizzare molto bene le attività on-line dei ________________ diretti ed indiretti;
- costruire un sito Internet di ________________ nel quale si crea un primo contatto con il ________________, si fa la pubblicità del prodotto e un po' di marketing. È, in effetti, una semplice brochure on-line, una presentazione a basso ________________ e dai risultati spesso sorprendenti;
- ________________ accuratamente la struttura e l'apparenza del sito per evitare di partire a caso: non appesantire troppo le pagine con grafica e immagini che rallentano molto lo ________________ o che non sono visualizzabili da tutti i browser. In genere un navigatore Internet si stanca presto di aspettare e cambia sito. Il tempo massimo di ________________ di una pagina dovrebbe essere non più di 8-10 secondi. Secondo una ricerca della Zona Research un terzo dei potenziali ________________ rinuncia ad un ________________ a causa della lentezza nello scaricamento delle pagine;
- prevedere un ________________ virtuale ed una ________________ virtuale;
- fondamentale è decidere subito quali forme di ________________ si vogliono offrire al ________________ on-line (carta di credito, pagamento alla ________________, ecc.);
- curare molto gli ________________ organizzativi dell'azienda come la ________________ in uscita (spedizione della merce al consumatore o all'altra azienda), la ________________ in entrata, ecc. Inoltre è molto importante che l'azienda ________________ alle e-mail entro e non oltre le 24 ore;
- inserire sul sito un ________________ per la raccolta di dati personali (attenzione alla legge sulla privacy!) e quindi ________________ informazioni preziose per il proprio marketing mix.

La globalizzazione

1 Capire

Il puzzle della "globalizzazione". Riordina il puzzle e scopri cosa significa "globalizzazione"

1 in modo da agevolare

2 gli scambi commerciali e di risorse umane.

3 In termini economici "globalizzazione" indica

4 la volontà di abbattere

5 le barriere commerciali tra i Paesi,

2 Comprendere la terminologia economica

Trova nel testo dell'esercizio 1 le espressioni corrispondenti ai significati.

espressione	significato
1.	far cadere, buttare giù
2.	ostacoli
3.	favorire, facilitare

3 Ipotizzare

Le caratteristiche della globalizzazione. Secondo te, quali di queste affermazioni sono vere e quali false? Parlane con i compagni.

	vero	falso
1. La globalizzazione cambia il modo di produrre.	☐	☐
2. Con la globalizzazione le imprese concentrano tutte le loro attività in una sola sede.	☐	☐
3. La globalizzazione porta ad una maggiore flessibilità del mercato del lavoro.	☐	☐

4 Leggere

Leggi il testo.

Le caratteristiche della globalizzazione

La globalizzazione è una rivoluzione economica in atto già da qualche tempo nell'ambito dell'economia mondiale. Come tutti i grandi cambiamenti, essa ha lati positivi e lati negativi.

Certamente con la globalizzazione cambia il modo di produrre. Prima le imprese erano fortemente legate al territorio in cui erano nate e si erano sviluppate. Ora le imprese diventano "nomadi", cioè il loro centro decisionale può trovarsi in una città, mentre la produzione può stare a migliaia di chilometri di distanza.

Anche il mercato del lavoro cambia: è necessario che i lavoratori siano più flessibili e sempre disposti a riqualificarsi. Questo può avere dei risvolti negativi: un lavoratore che perde il posto a 40 o 50 anni può trovare difficoltà a reinserirsi in un mercato del lavoro iperflessibile.

Gli oppositori della globalizzazione (variamente conosciuti come "il popolo di Seattle" o "i No-global") ritengono che l'unico risultato di questi cambiamenti sia un ulteriore sfruttamento da parte dei Paesi ricchi delle risorse umane e materiali dei Paesi poveri.

I sostenitori invece affermano che anche i Paesi in via di sviluppo traggono molti vantaggi dal processo di globalizzazione, perché possono esportare più liberamente i propri prodotti e importare più facilmente investimenti di aziende estere.

5 Capire

Ora completa la tabella con i lati positivi e negativi della globalizzazione.

lati positivi	lati negativi

6 Comprendere la terminologia economica

Scegli il significato giusto per ogni espressione.

1. in atto *(riga 1):*
a. in aumento ☐
b. in corso, presente ☐
c. finalmente ☐

2. flessibili *(riga 10):*
a. disposti a cambiare spesso occupazione ☐
b. esperti ☐
c. capaci di parlare le lingue ☐

3. riqualificarsi *(riga 11):*
a. ripresentarsi al vecchio posto di lavoro ☐
b. riorganizzarsi la giornata lavorativa ☐
c. imparare nuove tecniche, migliorare la propria formazione, ecc. ☐

4. ulteriore *(riga 16):*
a. un altro ancora ☐
b. peggiore ☐
c. migliore ☐

5. sfruttamento *(riga 17):*
a. abuso ☐
b. coltivazione della frutta ☐
c. strumento ☐

6. sostenitori *(riga 19):*
a. persone che non hanno ancora un'idea precisa su qualcosa ☐
b. persone che sono contrarie a qualcosa ☐
c. persone che sono favorevoli a qualcosa ☐

7. traggono *(riga 19):*
a. lasciano ☐
b. prendono ☐
c. danno ☐

7 Sai coniugare?

	trarre
io	________________
tu	*trai*
lui/lei/Lei	________________
noi	________________
voi	________________
loro	*traggono*

Riflettere sulla lingua

Osserva queste frasi:

*Gli oppositori della globalizzazione... **ritengono che** l'unico risultato di questi cambiamenti **sia** un ulteriore sfruttamento da parte dei Paesi ricchi delle risorse umane e materiali dei Paesi poveri (OPINIONE)*

*I sostenitori invece **affermano che** anche i Paesi in via di sviluppo **traggono** molti vantaggi dal processo di globalizzazione (CERTEZZA)*

ritenere (credere, pensare, ecc.) + CONGIUNTIVO

affermare (dire, sapere, ecc.) + INDICATIVO

8 Esercizio su indicativo e congiuntivo

Metti i verbi al presente indicativo o congiuntivo e completa le frasi.

1. Molti ritengono che la globalizzazione *(avere)* ______________ lati positivi e lati negativi.
2. Alcuni pensano che la globalizzazione *(portare)* ______________ solo risultati negativi.
3. Tutti affermano che la globalizzazione *(cambiare)* ______________ il modo di produrre.
4. C'è chi ritiene che adesso un lavoratore licenziato a 50 anni *(incontrare)*______________ molte difficoltà a trovare un lavoro.
5. I "No-global" pensano che i Paesi poveri non *(ricavare)* ______________ nessun vantaggio dalla globalizzazione.
6. I sostenitori dicono che i nuovi processi economici *(offrire)* ______________ vantaggi a tutti.

9 Parlare

Sei d'accordo con la globalizzazione? Parlane con i compagni.

10 Leggere

Leggi questo testo sul Gruppo Pirelli e sui suoi prodotti.

UN ESEMPIO DI GLOBALIZZAZIONE: LA PIRELLI S.p.A.

Il Gruppo

Pirelli S.p.A. è la holding a cui fanno capo la proprietà e la direzione di tutte le società operative del Gruppo nel mondo, garantendo il pieno coordinamento delle diverse affiliate sparse in 24 Paesi dei 5 continenti.

Le attività del Gruppo sono concentrate nei due core business, "cavi e sistemi" e "pneumatici". Negli ultimi anni il Gruppo ha avviato e consolidato una fase di rilancio internazionale, con un miglioramento costante di tutti i principali indicatori economici.

Pneumatici	Cavi e Sistemi Energia	Cavi e Sistemi Telecom
Il Settore Pneumatici è attivo con 21 stabilimenti e circa 20.000 dipendenti in Argentina, Brasile, Egitto, Germania, Gran Bretagna, Italia, Spagna, Stati Uniti, Turchia, Venezuela, a cui si affianca una rete commerciale a copertura globale attiva in oltre 120 Paesi. La società rientra tra i primi cinque produttori mondiali, con un fatturato, nel 2001, di oltre 2.831 milioni di Euro.	Con 14.000 dipendenti, 52 stabilimenti in 22 Paesi dei 5 Continenti e un fatturato 2001 di oltre 3.500 milioni di Euro, i Cavi e Sistemi Energia Pirelli sono i leader a livello internazionale, con una quota di mercato che supera il 10%. La produzione riguarda cavi elettrici – dall'altissima alla bassa tensione, per applicazioni terrestri, sottomarine ed aeree - e una vasta gamma di accessori.	Nei cavi e sistemi per telecomunicazioni, Pirelli opera con 4.000 dipendenti, 17 stabilimenti in 13 Paesi del mondo e un fatturato 2001 di oltre 1.230 milioni di Euro. Le linee di prodotto includono tutti i tipi di fibre ottiche fino a quelle ad alto valore aggiunto (Free light, Deep light). Nuovi sviluppi riguardano inoltre soluzioni innovative nel campo del Fiber To The Home e in quello del FTTX.

(tratto da: www.pirelli.it)

11 Capire

Rispondi alle domande.

1. Quali sono i due settori chiave in cui opera il Gruppo Pirelli?
2. Quanti Paesi copre la rete commerciale del Gruppo Pirelli, settore pneumatici?
3. Qual è la quota di mercato internazionale raggiunta da Pirelli nel settore Cavi e Sistemi Energia?
4. A quanto ammonta il fatturato Pirelli, settore Cavi e Sistemi Telecom, per il 2001?

12 Comprendere la terminologia economica

a) Trova nel testo dell'esercizio 10 le espressioni corrispondenti ai significati.

parte del testo	espressione del testo	significato
Il Gruppo	1.	filiali, società dipendenti da una società "madre"
	2.	cominciato, iniziato
	3.	rafforzato, stabilizzato
	4.	nuova crescita, progresso dopo un periodo negativo
Pneumatici	5.	fabbriche, luoghi di produzione
	6.	il totale degli incassi, delle entrate
Cavi e Sistemi Energia	7.	è superiore
Cavi e Sistemi Telecom	8.	nuove, originali

b) A quale espressione inglese usata nel testo corrisponde l'espressione italiana "settore chiave"?

13 Fissare la terminologia economica

Completa il cruciverba.

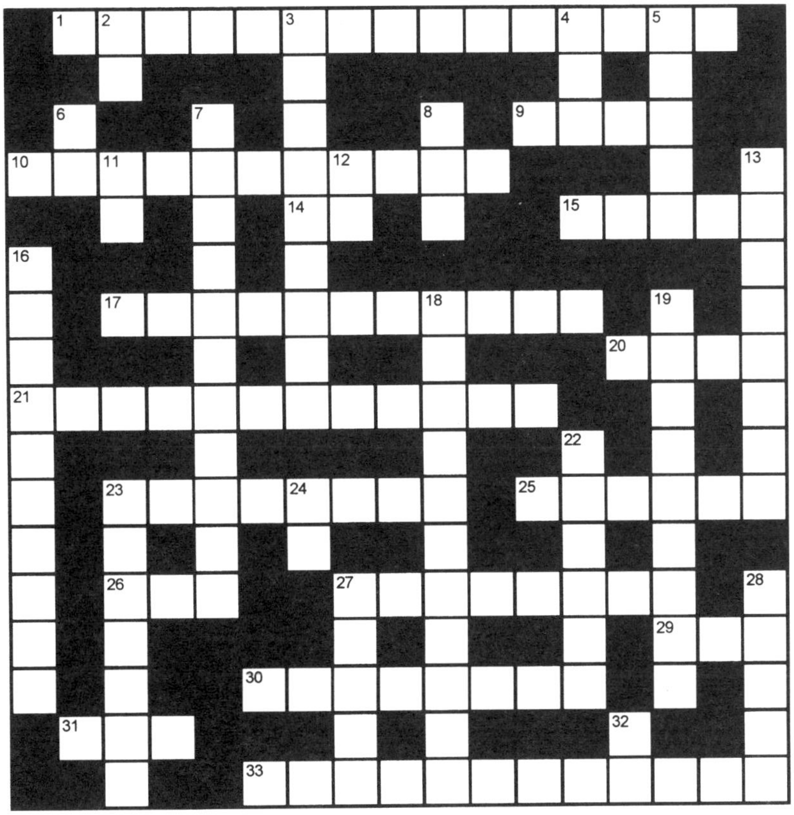

ORIZZONTALI ➛

1. Tendenza di mercati o imprese ad assumere una dimensione mondiale, superando i confini nazionali o regionali.
9. Una informazione in numeri.
10. Rafforzare, stabilizzare.
14. Il contrario di "no".
15. La parte di una società.
17. Progettare, organizzare, programmare.
20. Io valgo, tu vali, lui...
21. L'operazione che permette di trasferire informazioni da un sito Internet al proprio computer.
23. Aumento, crescita, progresso.
25. Scheda, foglio dove si scrivono i dati personali.
26. Mia, ..., sua.
27. Ostacolo.
29. Uno, due e...
30. Nuova crescita, progresso dopo un periodo negativo.
31. Preposizione.
33. Fabbrica, luogo di produzione.

VERTICALI ↓

2. Articolo determinativo femminile plurale.
3. Può essere in uscita o in entrata.
4. Imposta di valore aggiunto.
5. Innovativo, originale.
6. La prima persona.
7. Sistema di controllo dei conti in un'azienda.
8. Società a responsabilità limitata.
11. Si dice quando non si è d'accordo.
12. Preposizione semplice.
13. Quello che si usa su Internet per fare gli acquisti è virtuale.
16. Con la globalizzazione un lavoratore deve essere disponibile a cambiare spesso occupazione, cioè deve essere ...
18. Due aziende che operano nello stesso settore sono ...
19. Il totale degli incassi, delle entrate.
22. Il contrario di "ricco".
23. "Core-business" significa _ _ _ _ _ _ _ -CHIAVE.
24. Articolo determinativo.
27. Il documento di trasporto della merce.
28. Abuso: SFRUTTA_ _ _ _ _
32. Unione Europea.

14 E per finire...

Abbina le frasi ai disegni e ricostruisci la storia (le frasi sono in disordine).

a. Dopo qualche tempo l'artigiano ottiene un incontro con la responsabile della ricerca e sviluppo della Shuttle Engineering. All'incontro l'artigiano dice di poter risolvere il problema in cambio di 500.000 €.

b. Appena firmato il contratto l'artigiano tira fuori dalla tasca una... MATITA!!!

c. La Shuttle Engineering, una delle società della World Experts Holding che opera nel settore dell'ingegneria aerospaziale, vince una gara d'appalto per lo sviluppo di una penna a sfera che scriva anche nello spazio.

d. Gli esperti della società si mettono subito al lavoro ma dopo mesi di esperimenti non riescono a raggiungere un risultato positivo.

e. Preoccupatissima la responsabile del reparto ricerca e sviluppo della Shuttle Engineering chiede aiuto alle altre società del gruppo. In breve tempo scienziati di tutto il mondo si mettono a lavorare al progetto.

f. All'inizio la responsabile non è molto convinta ma alla fine decide di accettare e firma un contratto per 500.000 €.

g. La World Experts è una grande Holding internazionale che controlla società in tutto il mondo.

h. La notizia dell'insuccesso della World Experts Holding arriva ai giornali. In un paesino del sud Italia un piccolo artigiano legge la notizia e decide di mettersi in contatto con la Shuttle Engineering.

1
WORLD EXPERTS HOLDING
2
SHUTTLE ENGINEERING RICERCA E SVILUPPO
GARA D'APPALTO
3
4
5
INSUCCESSO DELLA WORLD EXPERTS HOLDING
6
€
7
500.000 €
8

Appendice A - Incoterms

Traduzione dei termini di resa merce "Incoterms"
(effettuata a cura della Camera di commercio internazionale)

- **EXW** (Ex Works / Franco fabbrica)
- **FCA** (Free Carrier / Franco vettore)
- **FAS** (Free Alongside Ship / Franco lungo bordo)
- **FOB** (Free On Bord / Franco a bordo)
- **CFR** (Cost and Freight / Costo e nolo)
- **CIF** (Cost, Insurance and Freight / Costo, assicurazione e nolo)
- **CPT** (Carriage Paid To / Trasporto pagato fino a…)
- **CIP** (Carriage and Insurance Paid to / Trasporto e assicurazione pagati fino a…)
- **DAF** (Delivered At Frontier / Reso frontiera)
- **DES** (Delivered Ex Ship / Reso ex ship)
- **DEQ** (Delivered Ex Quay [duty paid] / Reso banchina [sdoganato])
- **DDU** (Delivered Duty Unpaid / Reso non sdoganato)
- **DDP** (Delivered Duty Paid / Reso sdoganato)

Appendice B - Siti internet di argomento economico

www.managerzen.it
Portale avente per fine lo sviluppo di una nuova cultura aziendale, con sezione di cerco-offro lavoro alternativo.

www.governo.it
Pagina internet della Presidenza del Consiglio dei Ministri.

www.consumatorionline.it
Sito internet del progetto del movimento di Difesa del Cittadino con il contributo del Ministero delle attività produttive. Il Movimento di Difesa del Cittadino è una organizzazione non lucrativa di utilità sociale (onlus) indipendente da partiti o schieramenti politici, che dal 1987 opera in difesa dei cittadini consumatori e utenti, promuovendo la conoscenza e l'esercizio consapevole dei loro diritti.

www.ilsole24ore.com
Pagina web del settimanale italiano di economia e finanza Il sole 24 ore.

www.mps.it
Pagina web del Monte di Paschi di Siena.

www.posteitaliane.it
Portale delle Poste Italiane.

www.soldionline.it
Sito dedicato alla borsa con indici, notizie grafici, ecc.

www.italia.ms
Sito-guida al web italiano.

www.provincia.bologna.it
Sito internet della Provincia di Bologna.

www.romalavoro.net
Sito internet del Dipartimento Politiche per lo Sviluppo Locale, per la Formazione e per il Lavoro. Il Dipartimento gestisce e coordina le iniziative promosse dal Comune di Roma in materia occupazionale e di orientamento al lavoro, con particolare riguardo ai progetti integrati ed alle forme di incentivazione e sviluppo dei piani d'impresa e del lavoro autonomo.

www.bancadiviterbo.it
Pagina web della Banca di Viterbo-credito cooperativo.

www.axiaonline.it
Pagina web del progetto Axia che si sviluppa a partire da Axia Financial Research, fondata a Padova dall'economista nei primi anni '90. L'intervento si articola in tre direttrici: Consulenza, Financial Research e Multimedia. L'obiettivo del progetto Axia è di realizzare una saldatura tra le esigenze dell'etica e le leggi del mercato.

www.opificidigitali.it
Opifici Digitali è un'offerta di prodotti e servizi online per le piccole e medie imprese.
È un'iniziativa di MPSnet, la fabbrica di soluzioni per lo sviluppo degli affari in rete, del Gruppo Monte dei Paschi di Siena. Opifici Digitali propone strumenti per tutte le aree e le fasi di lavoro delle aziende. I servizi di Opifici Digitali aiutano le imprese nella loro gestione, ne migliorano le azioni e rendono maggiormente efficiente la loro presenza sul mercato.

www.pd.camcom.it
Il portale del sistema delle Camere di Commercio, Industria, Artigianato e Agricoltura.

www.pirelli.it
Pagina web dell'azienda Pirelli S.p.A.

www.changecc.com/i_cases.htm
Sito internet della C&CC che offre alle aziende i seguenti servizi: implementazioni di sistemi, riorganizzazioni, riposizionamenti, personale e comunicazione.

Glossario dei termini economici

La lettera, il numero prima del punto e il numero dopo il punto si riferiscono rispettivamente alla Sezione, all'Unità e all'Esercizio in cui il termine o l'espressione compare per la prima volta.

ABI: C2.10, Associazione Bancaria Italiana. Organismo di categoria delle aziende di credito. Ha funzione di rappresentanza nei confronti del Governo e della Banca d'Italia.
accessorio: B2.1, non essenziale, secondario.
accollarsi: B3.1, prendere su di sé, assumere su di sé.
acquirente: A4.1, chi compra, chi acquista.
acquisire: C1.1, comprare, acquistare.
acquistare: D2.2, comprare.
acquisto: D2.2, l'atto di comprare, il contrario di "vendita".
aliquota: B4.4, percentuale che si applica alla base imponibile per determinare l'imposta o la tassa dovuta.
amministratore: A4.2, chi amministra, chi si occupa della gestione di un'azienda.
ammontare: B4.1, totale complessivo.
anticipo: C2.3, pagamento parziale di una somma di denaro prima del tempo in cui è dovuta.
appalto: E1.2, contratto con cui un'impresa si impegna a fare un lavoro pagato.
artigiano: E3.14, chi esercita un'attività produttiva utilizzando soprattutto lavoro manuale e non macchine.
assegno: C2.4, documento con il quale si autorizza la banca al pagamento di una somma di denaro.
assemblea: C1.1, riunione di persone appartenenti ad una categoria.
assortimento: D2.2, disponibilità e varietà di merci esistenti e destinate alla vendita da un venditore.
asta: C4.5, vendita pubblica al miglior offerente.
aumentare: B1.3, far crescere, far salire, ingrandire.
azienda: A1.1, il complesso di beni organizzati dall'imprenditore per l'esercizio dell'impresa.
azienda individuale: A2.5, azienda che appartiene ad un solo proprietario.
azioni: A3.1, titolo che rappresenta la quota di capitale di una società commerciale.
Bancomat: C2.4, servizio continuo di sportelli automatici che permette di ritirare soldi da un conto bancario.
banconota: C2.6, biglietto di denaro.
bene: A1.8, proprietà, avere.
beneficiario: C3.1, chi riceve un pagamento.
bilancio: A4.2, conteggio delle entrate e delle uscite relative a un dato periodo della gestione amministrativa di un'azienda o di un ente.
bolletta: C2.3, (della luce, del gas, ecc.) documento che indica l'importo da pagare relativo al consumo.
bonifico bancario: C3.1, trasferimento di denaro da un conto ad un altro.
Borsa (Valori)**:** C1.1, luogo in cui avvengono contrattazioni commerciali e finanziarie.
borsistico: E1.2, relativo alla borsa finanziaria.
BOT: C4.5, Buoni Ordinari del Tesoro.
BTP: C4.5, Buoni del Tesoro Poliennali.
Business Plan: D1.1, vedi *piano d'impresa*.
CAB: C2.10, Codice di Avviamento Bancario che permette di individuare lo sportello e la località della banca che ha effettuato un'operazione.
c/c: C2.16, conto corrente.
CdA: A4.2, Consiglio di Amministrazione.
cambiale: C3.1, titolo di credito con cui il firmatario si impegna a pagare una somma determinata in un tempo e in un luogo stabiliti.
capacità produttiva: B1.3, quantità di lavoro che una fabbrica può svolgere.
capitale: A3.1, quantità di denaro e di beni.
capitale privato: A3.1, i mezzi messi a disposizione dai soci per soddisfare i bisogni finanziari di un'impresa. Questi mezzi possono provenire sia dall'interno della società (finanziamento interno), che dall'esterno (finanziamento esterno).

capitale sociale: A3.1, il contributo dei soci, in natura o denaro, per la costituzione della società.
carrello virtuale: E2.3, "cestino" di un sito Internet in cui si depositano gli articoli che si desidera acquistare.
carta assegni: C2.7, carta con la quale la banca garantisce il pagamento di un assegno fino ad una determinata somma.
carta di credito: C2.6, documento che permette di fare acquisti a credito, addebitandoli sul conto.
cassa virtuale: E2.3, "cassa" di un sito Internet che calcola il costo degli articoli che si desidera acquistare.
catalogo: E2.10, elenco di articoli o servizi in vendita, generalmente con descrizione e prezzo.
catena di negozi: D2.8, negozi che hanno tutti lo stesso nome e vendono lo stesso tipo di prodotti.
CCT: C 4.5, Certificati di Credito del Tesoro.
cessione: B4.4, trasferimento della proprietà di una cosa da una persona a un'altra.
clausola: B2.2, condizione inserita in un contratto.
cliente: A4.1, chi compra prodotti o servizi da un'azienda.
Codice Civile: A1.8, l'insieme di leggi italiane che regolano i rapporti giuridici privati.
codice fiscale: B4.1, combinazione di numeri e lettere assegnata ad ogni cittadino che paga le tasse, a scopo di identificazione.
codice personale: C2.6, combinazione di numeri che permette di utilizzare i servizi Bancomat.
collegio sindacale: A4.2, nelle società per azioni l'insieme delle persone che hanno l'obbligo di controllare l'amministrazione e vigilare sull'osservanza della legge e dell'atto costitutivo.
collocamento in borsa: C1.1, piazzamento in borsa.
commissione: C2.8, riferito ad operazioni bancarie: somma dovuta ad una banca per le operazioni effettuate.
concorrente: D1.18, operatore economico che agisce nello stesso settore produttivo di un altro.
concorrenza: D2.2, situazione di competitività tra produttori di beni o servizi uguali.
consegna: B2.1, trasferimento del possesso di una cosa da un soggetto a un altro.
consiglio di amministrazione: A4.2, organo amministrativo che gestisce la società e redige il bilancio.
consiglio di gestione: A4.2, organo ausiliario della direzione dell'impresa costituito da prestatori di lavoro e da rappresentanti dell'imprenditore.
consiglio di sorveglianza: A4.2, organo con funzioni di controllo.
consumatore: B2.2, chi usufruisce di beni e servizi per soddisfare i propri bisogni.
contabilità: E1.4, l'insieme delle operazioni e delle scritture relative alla gestione finanziaria di un'azienda.
contabilizzare: C2.16, conteggiare, registrare su documenti contabili.
contante: C2.6, denaro liquido, cioè in monete o banconote.
conto corrente: C2.3, tipo di conto bancario.
conto economico: D1.15, la differenza fra i costi e i ricavi.
conto scoperto: C2.5, conto bancario in passivo.
contratto: A1.8, accordo tra due o più parti per costituire, regolare o estinguere tra loro un rapporto giuridico patrimoniale.
contrattuale: D2.2, relativo a un contratto o a una contrattazione.
convenire: B3.2, concordare, stabilire insieme, decidere.
coordinate bancarie: C2.10, codici che permettono di identificare l'istituto di credito e l'agenzia a cui si fa riferimento.
corriere: A4.1, chi trasporta e consegna la merce.
costituire: B1.1, fondare, creare.
credito: A3.6, denaro dato in prestito a qualcuno (debitore), che si impegna a restituirlo con gli interessi.

credito: C1.1, banca.
creditore: A3.1, persona o istituzione a cui è dovuta una somma di denaro.
dato: D1, elemento, informazione.
debito: A3.1, quantità di denaro o altra attività dovuta da una persona o da un'organizzazione a un'altra.
deliberare: C1.1, decidere, stabilire.
deliberazione: C1.1, decisione presa da un gruppo di persone o organi competenti.
denominazione sociale: B4.1, nome delle società commerciali che hanno personalità giuridica.
deposito: C2.3, somma di denaro data in affidamento.
difetto: B3.2, imperfezione.
digitare: C2.6, inserire dati usando una tastiera.
dimensione: D2.2, grandezza.
dipendente: A1.1, impiegato, persona occupata in una società in un ruolo subordinato.
disoccupazione: C2.23, numero complessivo di quanti non trovano un lavoro.
distribuzione: D2.2, l'insieme delle varie operazioni e attività che assicurano agli acquirenti la disponibilità delle merci o dei servizi.
ditta: B4.1, azienda, società.
effettuare: C2.16, fare.
emettere: C4.1, mettere in circolazione (denaro, assegni, titoli, ecc).
emissione: B4.1, il mettere in circolazione.
emittente: C3.1, persona o istituto che emette (denaro, assegni, titoli, ecc).
entrare in vigore: B3.1, cominciare ad avere valore di legge.
eredità: A2.9, insieme dei beni trasferiti da una persona morta a un successore.
esercitare: A2.5, dedicarsi abitualmente a una professione o a un'attività.
essere a carico di: B3.2, pesare su.
essere in rosso: C2.4, avere un conto bancario in passivo.
estinguere: B1.1, eliminare, annullare.
estratto conto: C2.10, documento che indica i movimenti effettuati su un conto bancario e il saldo finale.
fattura: B4.1, documento che il venditore rilascia al compratore e che contiene l'elenco delle merci vendute o la descrizione del servizio prestato e il corrispondente importo.
fatturato: E3.10, il totale degli incassi, delle entrate.
filiale: A1.1, sede secondaria di un'azienda.
finanziamento: C4.1, fornitura di denaro.
finanziatore: D1.2, chi mette a disposizione del denaro per un'impresa.
fiscalista: A4.9, esperto di tasse e questioni fiscali.
flessibilità: E3.3, disponibilità a cambiare spesso occupazione.
fondare: A2.5, creare, costituire.
fondo: E1.2, insieme di denaro o altri beni destinati ad un uso particolare.
fornire: B3.2, consegnare una quantità di merce.
fornitore: B3.7, chi fornisce un'azienda delle materie prime.
fornitura: B1.3, quantità di merce che si consegna a un cliente.
fusione: C1.1, unione.
gara d'appalto: E1.3, concorso per assegnare un appalto.
gestire: A1.1, amministrare.
giuridico: B1.1, che riguarda il diritto, la legge.
globalizzazione: E3.1, abbattimento delle barriere commerciali tra i Paesi, in modo da facilitare scambi commerciali e di risorse umane.
governo economico: A4.2, direzione, guida, comando economico di un'azienda.
gratuito: C2.10, senza spese.
grossista: D2.9, nella distribuzione è l'intermediario fra il produttore e il venditore al dettaglio.
holding: E3.10, una società finanziaria che ha la maggioranza azionaria di un gruppo di imprese e ne controlla le attività.
imballaggio: B2.1, impacchettamento della merce per la spedizione.
impiegato: A4.1, dipendente, persona occupata in un'azienda.

importo: B4.1, costo totale, ammontare complessivo.
imposta: B4.4, tassa.
imprenditore: A1.8, persona che esercita un'attività economica a proprio rischio.
impresa: A1.8, attività economica produttiva.
impresa familiare: A2.5, attività economica produttiva in cui i lavoratori appartengono alla stessa famiglia.
incasso: C2.1, riscossione, il ricevere denaro.
indicatore economico: E3.10, indice che rappresenta l'andamento di un particolare settore dell'economia o della situazione economica in generale.
indicizzare: C4.5, collegare il valore di un bene ad un indice di riferimento (all'inflazione o altro).
inflazione: C2.23, eccessivo aumento del denaro in circolazione in un Paese.
interesse: B3.4, denaro che riceve chi presta o deposita un capitale per un certo periodo di tempo.
investimento: B3.4, impiego di denaro in attività produttive, titoli e simili, allo scopo di ottenere o accrescere un utile o un reddito.
investitore: D1.2, chi fa un investimento di capitali.
ipermercato: D2.8, grande supermercato.
ipoteca: C2.3, garanzia che tutela il creditore in caso di mancata restituzione del prestito da parte del debitore.
ipotecario: C2.3, che ha la garanzia dell'ipoteca.
IVA: B4.1, (imposta sul valore aggiunto) imposta sulle cessioni di beni (es. la vendita di uno stereo da parte di un negoziante), e le prestazioni di servizi (es. la riparazione del televisore da parte di un tecnico).
lancio (di prodotto)**:** D2.5, manifestazione pubblicitaria che ha lo scopo di far conoscere al pubblico qualcosa o qualcuno.
licenziare: E3.8, interrompere un rapporto di lavoro con un lavoratore.
logistica: E2.3, tutte le direttive e le operazioni che coordinano il funzionamento di una struttura aziendale o industriale.
lordo: C2.19, complessivo, senza detrazioni.
manodopera: D1.6, complesso dei lavoratori specialmente manuali di una data industria, di un certo settore, ecc.
mansione: A4.9, funzione e responsabilità di un dipendente.
marchio: A2.9, simbolo o nome usato dall'imprenditore per "firmare" i propri prodotti.
mercato: D1.15, l'insieme degli scambi di tutti i prodotti in un determinato Paese o in una determinata area.
merce: A1.1, ogni prodotto in quanto oggetto di commercio e destinato alla vendita.
modulo: E2.4, documento stampato da compilare.
Monte di Pietà: C1.1, istituzione che concede prestiti in cambio di beni mobili, che vengono restituiti, quando si restituisce la somma presa in prestito.
movimento: C2.10, (riferito a conti bancari) operazione.
mutuo: C2.3, prestito di denaro garantito da un'ipoteca.
navigare: E2.3, "viaggiare" in Internet.
navigatore: E2.5, chi "viaggia" in Internet.
negoziazione: C2.3, compravendita di titoli, ecc.
netto: C2.19, quello che resta dopo detrazioni di spese, tasse, ecc.
nominativo: C3.6, nome.
norma: B2.2, legge, regola da rispettare.
obbligazione: C4.1, titolo di credito emesso da un ente pubblico o da una società privata.
obiettivo: A1.1, scopo o fine che si vuole raggiungere.
oneroso: C3.6, costoso.
operazione: C2.1, movimento bancario o finanziario.
ordine: B3.1, richiesta di acquisto.
organi di line: A4.9, persone con potere decisionale all'interno di una ditta.
organi di staff: A4.9, l'insieme delle persone che hanno funzione consultiva e di supporto per le attività degli organi di line.

organico: A1.1, l'insieme delle persone che compongono il personale di un'azienda.
organigramma: A4.2, rappresentazione grafica della struttura di una ditta.
organo societario: A4.2, settore di una società destinato a compiti specifici.
pagamento: B2.1, somma che si paga o si deve pagare.
pagherò (cambiario)**:** C3.1, tipo di cambiale.
parametro: B2.2, valore di riferimento.
partecipazione: A2.5, possesso di quote o azioni di una società. *Partecipazione agli utili*: indica la parte di azioni di una società posseduta da un socio.
parti: B1.1, i soggetti di un rapporto giuridico.
partita IVA: B4.1, numero attribuito dal fisco ad ogni contribuente tenuto al versamento dell'IVA.
patrimoniale: B1.1, che ha un valore economico.
patrimonio: A1.1, insieme dei beni di una persona o di un gruppo di persone (famiglia, società, ecc.).
pattuire: B3.2, contrattare, concordare, stabilire.
periodicità: C2.10, frequenza.
persona giuridica: A3.1, persona astratta riconosciuta dallo Stato come soggetto di diritto.
pianificare: E2.5, progettare, programmare.
piano di marketing: D1.15, documento in cui sono descritte nei dettagli le strategie di vendita.
piano d'impresa: D1.1, documento in cui si descrive un'idea imprenditoriale.
possedere: A3.1, avere in proprietà, essere proprietario di qualcosa.
prelevare: C2.19, ritirare soldi.
prelievo: C2.10, ritiro di soldi.
prestazione: D2.2, opera o attività fornita da una persona o da un'azienda.
prestito: B3.4, cessione di denaro o altro bene con patto di restituzione.
produrre: A1.1, fabbricare.
produttore: B1.3, chi produce.
promozione: D2.5, le attività che si fanno per aumentare le vendite di un prodotto.
proprietà: A1.8, bene, mobile o immobile, che si possiede.
pubblicità: D2.5, insieme delle iniziative che, al fine di promuovere le vendite di un'impresa, tendono a creare o a espandere il bisogno dei suoi prodotti e a conservare o migliorare l'immagine della stessa impresa e dei suoi prodotti nella mente del consumatore.
punto vendita: D2.5, il luogo dove si verifica l'atto finale dell'acquisto, per esempio il negozio del dettagliante.
quota: A2.9, parte di una quantità (di denaro o altro).
quotazione in borsa: C1.1, valore di un titolo risultante dalle contrattazioni in borsa.
ragione sociale: B4.1, nome delle società commerciali che non hanno personalità giuridica.
rapporto: D1.13, relazione, dossier.
redditizio: D1.1, che dà reddito, guadagno.
reddito: C2.23, il totale dei guadagni.
redigere: A4.2, scrivere, compilare.
registrazione: C2.19, (riferito a conto bancario) operazione archiviata.
rendimento: C4.4, guadagno di un titolo in relazione al suo prezzo di mercato.
reparto: A4.2, settore, dipartimento, sezione.
requisito: B1.1, condizione necessaria.
responsabilità illimitata: A3.1, i soci pagano i debiti anche con il loro capitale privato.
responsabilità limitata: A3.1, i soci pagano i debiti solo con il capitale della società.
responsabilità solidale: A3.1, ogni singolo socio è responsabile per tutti i debiti della società.
restituire: B3.4, dare indietro, ridare.
ricavo: D1.15, guadagno, entrata.
ricerca di mercato: D1.15, indagine che ha come scopo l'individuazione delle caratteristiche strutturali di un mercato.
rilancio: E3.10, nuova crescita, progresso dopo un periodo negativo.
rimessa: C3.6, spedizione di denaro.

riqualificarsi: E3.4, migliorare la propria formazione professionale con nuove competenze.
riscuotere: C3.5, ricevere denaro, incassare.
risparmiatore: C2.1, persona che mette da parte denaro.
saldare: pagare.
saldo: C2.10, differenza tra attivo e passivo.
SapA: A2.4, società in accomandita per azioni.
Sas: A2.4, società in accomandita semplice.
scaricamento: E2.3, trasferimento di informazioni da Internet al proprio PC.
sconto: B 3.1, diminuzione, abbassamento del prezzo.
segretaria: A4.1, dipendente di un'azienda, di solito con funzioni di assistenza alla direzione.
servizi: A1.1, prestazioni di lavoro.
sfruttamento: E3.4, abuso.
Snc: A2.2, società in nome collettivo.
società: A2.1, attività economica, impresa, azienda.
società affiliata: E3.10, società finanziariamente controllata da un'altra.
socio: A1.1, chi partecipa con altri a qualcosa: *i soci dell'impresa.*
socio accomandante: A3.1, socio che risponde limitatamente, cioè i creditori non possono agire sul suo capitale privato.
socio accomandatario: A3.1, socio che ha responsabilità illimitata e solidale.
somma: C2.6, quantità di denaro.
SpA: A2.2, società per azioni.
spesa: B3.1, costo.
spese tenuta conto: C2.10, spese di mantenimento di un conto bancario.
sportello: C1.1, agenzia di una banca, ma anche l'apertura attraverso cui gli impiegati di una banca comunicano con i clienti.
Srl: A2.2, società a responsabilità limitata.
stabilimento: A4.13, fabbricato, insieme di fabbricati, in cui si svolge una attività industriale.
stipulare: B1.3, redigere un contratto per iscritto.
sviluppo: E2.1, aumento, crescita, progresso.
tassa: B4.4, imposta.
tasso d'interesse: C2.19, percentuale di guadagno sul capitale investito.
titolare: B4.4, proprietario.
titolo di Stato: C2.7, obbligazioni emesse da istituzioni pubbliche.
traente: C3.1, persona che firma una tratta e dà l'ordine di pagamento.
transazione: E1.4, operazione commerciale di compravendita.
tratta: C3.1, tipo di cambiale.
trattario: C3.1, persona che con una tratta riceve l'ordine di pagamento e lo esegue nei modi e nei tempi stabiliti.
tutela: B2.2, protezione, garanzia.
usciere: A4.1, portiere, persona che lavora all'entrata di un'azienda o di un ufficio.
utile: A1.1, guadagno, profitto.
vaglia cambiario: C3.1, tipo di cambiale.
valore: A3.1, prezzo, costo.
valuta: C3.1, moneta circolante.
vendita al dettaglio: D2.8, vendita dei prodotti direttamente al consumatore finale.
vendita all'ingrosso: D2.8, vendita dei prodotti ai venditori al dettaglio.
vendita per corrispondenza: D2.8, vendita dei prodotti per posta.
versamento: B3.4, pagamento o deposito di una somma di denaro.
versare: B3.2, depositare una somma di denaro.
visualizzare: E2.3, rendere visibile.

Soluzioni degli esercizi

Sezione A - Imprese e società

1. L'azienda

E1 - 1, 3, 18.
E3 - a. merci; b. organico; c. dipendenti; d. collaboratori; e. obiettivi; f. Gestisce; g. soci; h. filiale.
E5 - a. vantaggiosi (per); b. profitti, guadagni.
E6 - maschile.
E7 - produco, produci, produce, produciamo, producete, producono.
E9 - 1a; 2c; 3c; 4b.
E10 - L'azienda è il **complesso** di **beni organizzati** dall'**imprenditore per** l'**esercizio** dell'**impresa**.

2. Le forme giuridiche delle società

E2 - Srl; Sas; SpA; Snc.
E3 - a; b; f.
E4 - 1/c; 2/e; 3/a; 4/b; 5d.
E6 - 1. aziende individuali; 2. imprese familiari; 3. all'attività, alle dimensioni dell'azienda e alla futura partecipazione agli utili; 4. nel Codice Civile.
E7 - "fondare un'azienda".
E8 - appartengo, appartieni, appartiene, apparteniamo, appartenete, appartengono.
E9 - azienda; familiare; produce; azienda; fonda; responsabilità; partecipazione; fonda; azioni; produce; azienda; appartengono.
E10 - 1a; 2c; 3a; 4b; 5b; 6a; 7b; 8c.

3. Caratteristiche delle società

E1 - Società in nome collettivo (S.n.c.); Società in accomandita semplice (S.a.s.); Società per Azioni (S.p.A.); Società a responsabilità limitata (S.r.l.); Società cooperative ordinarie.
E2 - 1a; 2b; 3a; 4c; 5b; 6a.
E3 - a/5; b/4; c/7; d/2; e/8; f/1; g/6; h/3.
E5 - 1. capitale; 2. patrimonio.
E6 - 1. capitale privato; 2. limitata; 3. accomandanti; 4. debiti.
E7 - 1. a; 2. sul, con, a; 3. con il, per i; 4. per; 5. in, di.

4. Struttura organizzativa dell'azienda

E1 - *da eliminare:* l'acquirente, il cliente, il creditore, il corriere.
E2 - b.
E3 - 1f; 2v; 3v; 4f; 5v.
E4 - 1b; 2a.
E5 - 1a; 2c.
E6 - scelgo, scegli, sceglie, scegliamo, scegliete, scelgono.
E8: b.
E10 - a. si assume; b. ruolo; c. mansioni; d. decisionale; e. obiettivi; f. consultiva; g. supporto; h. fiscalisti.
E11 - a. rappresentazione grafica della struttura organizzativa aziendale; b. persone che prendono decisioni relative agli obiettivi aziendali; c. persone con funzione consultiva.
E12 - si assume; l'organigramma; un'azienda; ruolo; mansioni; decisionale; gli obiettivi; consultiva; organi; i fiscalisti.
E13 - 3. produzione; 4. personale; 7. finanza; 9. formazione; 11. laboratori; 13. ufficio vendite.

E14 -

	1 S												2 P		3 F
4 O	R	G	5 A	N	6 I	G	R	A	M	M	A		E		I
	L		Z		M								7 R	8 E	S
9 U			10 I	M	P	R	E	11 S	A				12 S	N	C
T			O		R			A			13 Q	U	O	T	A
I			N		E			P					14 N	E	L
15 L	I	N	E		N			A					A		I
I					D		16 B						L		S
		17 C	O	D	I	C	E	C	I	V	I	L	E		T
		O			T		N								A
18 M	A	N	S	I	O	N	I				19 S	O	C	I	
		T			R						P				
	20 C	O	O	P	E	R	A	T	I	V	A				

E15 - 1/d; 2/c; 3/e; 4/g; 5/i; 6/f; 7/h; 8/a; 9/b.

Sezione B - Contratti e fatture

1. Il contratto

E2 - 1a; 2c; 3b; 4a.
E3 - a.
E4 - 1. stipulato; 2. produttore; 3. know how; 4. capacità produttiva.
E5 - 1/c; 2/a; 3/b.
E6 - con; di; con; del; per; di; nello; nella.
E7 - parti; rapporto; requisito.

2. Il contratto di compravendita

E1 - *elementi essenziali:* prezzo, qualità, quantità; *elementi accessori:* data di consegna, data di pagamento, imballaggio, luogo di consegna.
E3 - a/5; b/4; c/6; d/3; e/1; f/2.
E4 - definisco, definisci, definisce, definiamo, definite, definiscono.
E5 - *sostantivi:* fornitura, tutela, consegna, pagamento, imballaggio; *verbi:* estinguere, stipulare, garantire, regolare.
E6 - merce; clausole; merce; essenziali; clausole; accessori; norme; parametri; garantiscono; marchio.

3. Clausole contrattuali

E2 - *Agrirossi*; *Conserve & affini*; 400 quintali di pomodori rossi da conserva; 131 € al quintale; 30 giorni dalla consegna; venditore.
E3 - 1/e; 2/a; 3/f; 4/b; 5/d; 6/c.
E4 - ha offerto; Ho accettato; ho scoperto; ho preso; Ho chiesto; Ho creduto; ho firmato.
E5 - c.
E8 - 1v; 2v; 3f; 4f.
E9 - Ciò che **è scritto** sul contratto…; …ciò che **viene detto** a voce; …quello che vi **è stato detto**; Questo genere di contratti **è** molto **usato**…
E10 - 1. Tutte le clausole sono/vengono studiate con attenzione dall'acquirente. 2. Le trappole sono/vengono nascoste nelle righe più piccole dal venditore poco onesto. 3. Il contratto è/viene firmato da tutte le parti interessate. 4. Spesso dalle banche sono/vengono usati contratti prestampati. 5. Il consumatore è/viene protetto dalla legge.
E11 - 1. Tutte le clausole sono state studiate con attenzione dall'acquirente. 2. Le trappole sono state nascoste nelle righe più piccole dal venditore poco onesto. 3. Il contratto è stato firmato da tutte le parti interessate. 4. Spesso dalle banche sono stati usati contratti prestampati. 5. Il consumatore è stato protetto dalla legge.

4. Fattura e iva

E1 - venditore; venditore; condizioni; importo; ditta; numero; cognome; qualità.
E2 - n° 6: prezzo della merce; n° 1: ditta e ragione sociale del venditore; n° 5: quantità della merce; n° 8: importo totale; n° 4: data di emissione della fattura; n° 2: numero della fattura; n° 3: ditta e ragione sociale del compratore; n° 7: ammontare dell'i.v.a.
E3 - 1/f; 2/d; 3/e; 4/b; 5/a; 6/c.
E4 - tassa; proprietari; ha; La percentuale; stabilisce.
E6 - a.
E7 -

1 C	L	2 A	U	3 S	O	L	E				4 C		5 S	
O		L		N				6 I	M	P	O	R	T	O
7 D	E	I		C		8 S	R	L			N		I	
I		Q				P			9 P		T		P	
C		10 U	T	I	L	E		11 D	A		R		U	
E		O				S			T		12 A	L	L	O
13 F	A	T	T	U	R	A			T		T		A	
I		A					14 U		U		T		R	
15 S	I		16 P		17 V	E	N	18 D	I	19 T	O	20 R	E	
C			I		E			21 I	R	E		U		
22 A	C	Q	U	I	R	E	23 N	T	E		24 S	O	C	I
L					S		25 E	T				L		
E		26 I	M	B	A	L	L	A	G	G	27 I	O		28 S
					R						V			P
	29 C	O	N	S	E	G	N	A		30 T	A	S	S	A

E8 - 1/c; 2/g; 3/a; 4/f; 5/h; 6/e; 7/d; 8/b.

Sezione C - Banche e investimenti

1. Banche in Italia

E2 - 1v; 2f; 3v; 4v.
E3 - 1c; 2c; 3a; 4a; 5c.
E5 - *infinito:* assumere; estendere.

2. Operazioni creditizie

E2 - *operazioni passive:* conto corrente, deposito a risparmio; *operazioni attive:* anticipo su fattura, mutuo, prestito. *operazioni accessorie:* consulenza finanziaria, negoziazione di titoli, pagamento di bollette.
E4 - conto scoperto.
E5 - bancomat (n° 2); carta di credito (n° 1); libretto degli assegni (n° 4); contanti (n° 3).
E6 - 1. assegno; 2. carta di credito; 3. bancomat; 4. in contanti.
E7 - 1. su; 2. -; 3. di; 4. -; 5. di; 6. di; 7. -; 8. a; 9. di.
E9 - sí; no; no; no; sí.
E11 - 1. gratuita; 2. maggiorenni; 3. agenzia; 4. periodicità; 5. estratto conto; 6. versamenti; 7. prelievi; 8. spese di tenuta conto; 9. saldo.
E12 - chiederà; sarà; verrà; servirà; darà; comunicherà.
E13 - *regolari:* firmerà; chiederò, chiederà, chiederete, chiederanno; servirò, servirai, servirà, serviremo, servirete, serviranno; *irregolari:* sarà; darò, darà, daremo, darete; verrai, verrà, verranno.
E14 - 1. darà; 2. firmerete; 3. serviranno; 4. sceglierete; 5. indicherà, effettuerete.
E15 - chiederà; sarà; verrà; darà; comunicherà.
E16 - 1. La sigla C. ABI indica il codice dell'Associazione bancaria italiana, che serve ad identificare l'istituto di credito; la sigla CAB indica il Codice di avviamento bancario, che serve ad identificare l'agenzia; la sigla N. CONTO indica il numero di conto corrente. 2. La data indica il saldo precedente a quello del nuovo estratto conto, cioè quanti soldi erano disponibili sul conto in quella data. 3. Dall'1.07.02 al 31.12.02. 4. Marisa Grandi. 5. Sono state effettuate 3 operazioni: l'8.07.02 è stato emesso un assegno di 1.020,32 euro, il 3.09.02 è stato fatto un versamento in contanti di 835 euro e il 4.11.02 è stato emesso un assegno di 126,25 euro.
E17 - 1/d; 2/e; 3/b; 4/a; 5/c.
E18 - 8, 2, 7, 4, 6, 5, 3, 1.
E20 - 1. 60; 2. 0,52 euro; 3. 30,99 euro; 4. 2%; 5. 1,46%; 6. Qualsiasi operazione di prelievo contante e pagamento; 7. Dal marchio Cirrus Maestro.
E21 - 1/e; 2/d; 3/b; 4/a; 5/c.
E22 - Nella prima frase "tasso" significa "percentuale". Nella seconda frase "tassa" significa "somma di denaro pagata dai cittadini allo Stato per usufruire di un servizio".
E23 - 1. una tassa; 2. tassi; 3. il tasso; 4. le tasse; 5. Il tasso.

3. Forme di pagamento

E2 - 1. Il bonifico bancario. 2. Con la tratta. 3. Nell'assegno.
E3 - a/3; b/4; c/2; d/1.
E5 - assicurata; "non trasferibile"; emittente; beneficiario; traente; trattario; beneficiario.
E7 - 1c; 2b; 3b; 4a.
E8 - a; di; inviare; coordinate; conto; effettuare; codici; rimesse.

4. Investimenti finanziari

E1 - 1. Le istituzioni pubbliche. 2. Alla pubblica amministrazione. 3. Il capitale versato.
E2 - *infinito:* emettere.
E3 - *sostantivi:* istituzione, amministrazione, restituzione, scadenza, finanziamento.
E4 - a. 0.15%; b. 4.64%; c. 3.21%; d. 5.44%.
E6 - valete, valgono.
E7 - 1v; 2f; 3v; 4v.
E8 - a/4; b/9; c/6; d/1; e/11; f/7; g/8; h/3; i/2; l/5; m/10.
E9 -

P	O	F	A	T	O	U	Q	I	L	A	T	B
R	E	N	D	I	M	E	N	T	O	T	T	U
E	T	B	B	I	L	I	M	E	N	R	A	O
L	Z	E	O	N	I	G	G	H	D	I	S	N
I	S	S	I	L	U	P	P	O	F	P	S	I
E	U	T	E	B	O	N	I	F	I	C	O	D
V	E	R	F	A	E	P	Q	U	I	L	U	E
O	T	A	Q	N	T	E	L	D	U	A	I	L
P	L	T	C	C	G	E	S	Y	I	T	M	T
D	O	T	O	A	H	Z	Z	P	N	E	C	E
H	C	O	T	R	A	T	T	A	O	F	O	S
G	O	C	I	S	G	A	S	T	I	N	M	O
L	R	O	A	O	T	N	E	M	U	A	T	R
D	T	N	P	L	N	F	E	L	N	C	L	O
Z	A	T	H	I	G	A	T	S	A	L	A	T
L	A	O	I	A	S	S	E	G	N	O	O	N

1: tasso; 2: aumento; 3: estratto conto; 4: bonifico; 5: rendimento; 6: banca; 7: asta; 8: tratta; 9: prelievo; 10: buoni del tesoro; 11: aliquota; 12: assegno.
E10 - 1/d; 2/b; 3/h; 4/g; 5/e; 6/a; 7/f; 8/c; 9/i.

Sezione D - Business plan e marketing

1. Il business plan

E1a - piano d'impresa.
E1b - 1. l'aspirante imprenditore; 2. gli investitori e i finanziatori esterni.
E3 - 1b; 2b; 3a.
E5 -

frase del testo	preposizione articolata
1. *La preparazione **del** documento* ➫	***del** (di+il)*
2. gli aspetti **della** nuova attività ➫	**della** (di + la)
3. conseguenze **delle** diverse strategie ➫	**delle** (di + le)
4. l'idea **dell'**aspirante imprenditore ➫	**dell'**(di + l')
5. esperienza **nel** settore ➫	**nel** (in + il)

E6 - nel; delle; del; sull'; nell'; all'; della; dei; della; sul; dei.
E7 - MANODOPERA.
E10 - Prendete; mescolateli; Non dovete.
E11 - (NOI) costitu**iamo**; (VOI) valut**ate**; (VOI) convinc**ete**; (VOI) costitu**ite**.
E12 - Le forme dell'imperativo della 2ª persona singolare (TU) e della 1ª e 2ª persona plurale (NOI e VOI) sono uguali a quelle del presente indicativo, tranne che per la 2ª persona singolare dei verbi in -are; in questo caso la terminazione del presente è *-i* (tu am**i**) e quella dell'imperativo *-a* (am**a**!). Per le forme dell'imperativo della 3ª persona singolare (LEI) si usano le forme del congiuntivo presente. Per la negazione con l'imperativo si usa: *non + infinito* per la 2ª persona singolare (TU) e *non + imperativo* per le altre persone.
E13 - 1. spedisca; 2. rispondi; 3. ritornate; 4. Vendete; 5. senta; 6. vieni; 7. Andiamo; 8. scriva; 9. partecipate; 10. dire.
E14 - 1. sintetico; 2. comprensibile; 3. completo; 4. credibile.
E16 - 1/b; 2/a; 3/d; 4/c.
E17 - a/4; b/6; c/2; d/3; e/1; f/5.
E18 - 1. imprenditoriale; 2. agli investitori; 3. realizzabile, redditizi; 4. finanziamenti; 5. una ricerca di mercato; 6. economico.

2. Le strategie di marketing

E3 - 1. consumatore; 2. acquisto; 3. offerta.
E4 - 1. concorrenza; 2. dimensione; 3. quota; 4. scopo.
E5 - 1. Prodotto; 2. Prezzo; 3. Promozione: 4. Punto vendita.
E6 - *mercato di riferimento:* caratteristiche del consumatore, concorrenza, dimensione del mercato, motivazioni all'acquisto, quota di mercato che l'azienda può acquistare; *marketing mix:* distribuzione, prezzo, prodotto, promozione.
E8 - 1/d; 2/c; 3/e; 4/a; 5/b.
E9 - patrimonio; catena di negozi; assunzione; catena di montaggio.
E10 -

1 S	■	■	■	2 C	O	N	3 S	U	M	A	T	O	R	4 E
5 P	R	6 I	M	O	■	■	U	■	■	■	■	■	■	C
A	■	N	■	N	■	7 D	E	T	T	A	G	L	I	O
■	■	8 V	I	C	E	■	■	■	■	■	■	■	■	N
9 A	■	E	■	O	■	■	10 T	■	11 P	12 I	13 U	■	14 N	O
15 D	I	S	T	R	I	16 B	U	Z	I	O	N	E	■	M
■	■	T	■	R	■	I	■	■	A	■	O	■	17 S	I
■	18 D	I	M	E	N	S	19 I	O	N	E	■	20 P	■	C
■	■	M	■	N	■	■	N	■	O	■	■	R	■	O
21 P	R	E	Z	Z	O	■	G	■	■	■	■	O	■	■
C	■	N	■	A	■	■	R	■	22 L	■	■	23 D	24 I	■
■	■	T	■	■	25 P	R	O	M	O	Z	I	O	N	E
26 Q	U	O	27 T	A	■	■	S	■	■	■	■	T	■	■
■	■	■	E	■	28 L	■	S	■	29 C	O	S	T	I	■
■	30 M	E	R	C	A	T	O	■	■	■	■	O	■	■

E11 - 1/d; 2/a; 3/c; 4/b.

Soluzioni degli esercizi

Sezione E - eCommerce e globalizzazione

1. L'eCommerce

E1 - c.
E4 - n° **3** Comunicazione aziendali online; n° **1** Operazioni borsistiche online; n° **2** Transazioni economiche online.
E5 - 1c; 2a; 3a.
E6 - C2C, B2C, B2B.
E7 - 1/B; 2/C; 3/A.
E8 - trattamento; trasmissione; commercio; trasferimenti; operazioni; appalti.

2. Il sito di commercio elettronico

E1 - 2. I vantaggi di una presenza sul Web.
E2 - 1a; 2a; 3b; 4b; 5a.
E3 - *commercio:* pubblicità, affari, strategia di marketing, acquirente, acquisto, logistica in entrata, logistica in uscita; *informatica:* pagina web, collegarsi al sito, brochure-on-line, scaricamento, visualizzare, carrello virtuale, navigare, cassa virtuale.
E4 - 1/i; 2/d; 3/f; 4/c; 5/e; 6/h; 7/g; 8/a; 9/b.
E6 - abbiamo, abbiate, abbiano; sia, sia, siamo, siate, siano.
E7 - identifichino; analizzino; decidano; presti.
E8 - 1. È necessario preparare un sito chiaro e facile da navigare. 2. È importante controllare il funzionamento di tutti i link. 3. È utile prevedere anche una pagina per i commenti dei clienti. 4. È necessario fornire nomi e indirizzi e-mail di chi ha realizzato il sito. 5. È particolarmente utile avere sul sito anche un modulo per la raccolta dei dati personali.
E9 - 1. Per migliorare le attività di marketing, è utile che la ditta cataloghi i dati sui visitatori del sito Internet. 2. È importantissimo che la ditta garantisca la sicurezza dei pagamenti effettuati con carta di credito. 3. Una volta venduta la merce, è assolutamente necessario che la ditta assicuri la rapidità della consegna. 4. Per non perdere credibilità, è consigliabile anche che la ditta risponda entro 24 ore alle richieste di informazioni.
E10 - n° **2** notizie recenti riguardanti la ditta; n° **4** modulo per effettuare acquisti online; n° **1** storia e sviluppo della ditta; n° **5** modulo per richiesta di informazioni via email; n° **6** stringa per trovare prodotti o altre informazioni relative alla ditta; n° **3** catalogo.
E11 - L'azienda/c; News/Eventi/d; Prodotti/b; Ordinazioni/a.
E13 - commercio elettronico; raggiungere; analisi di mercato; concorrenti; "esposizione"; cliente; costo; pianificare; scaricamento; scaricamento; acquirenti; acquisto; carrello; cassa; pagamento; cliente; consegna; aspetti; logistica; logistica; risponda; modulo; raccogliere.

3. La globalizzazione

E1 - In termini economici "globalizzazione" indica la volontà di abbattere le barriere commerciali tra i Paesi, in modo da agevolare gli scambi commerciali e di risorse umane.
E2 - 1. abbattere; 2. barriere; 3. agevolare.
E3 - 1v; 2f; 3v.
E5 - *lati positivi:* i sostenitori ... affermano che anche i Paesi in via di sviluppo traggono molti vantaggi dal processo di globalizzazione, perché possono esportare più liberamente i propri prodotti e importare più facilmente investimenti di aziende estere; *lati negativi:* un lavoratore che perde il posto a 40 o 50 anni può trovare difficoltà a reinserirsi in un mercato del lavoro iperflessibile... Gli oppositori della globalizzazione ritengono che l'unico risultato di questi cambiamenti sia un ulteriore sfruttamento da parte dei Paesi ricchi delle risorse umane e materiali dei Paesi poveri.
E6 - 1b; 2a; 3c; 4a; 5a; 6c; 7b.
E7 - traggo, trae, traiamo, traete.
E8 - 1. abbia; 2. porti; 3. cambia; 4. incontri; 5. ricavino; 6. offrono.
E11 - 1. "Cavi e sistemi" e "pneumatici". 2. Oltre 120. 3. Oltre il 10%. 4. Ad oltre 1230 milioni di Euro.
E12a - 1. affiliate; 2. avviato; 3. consolidato;

4. rilancio; 5. stabilimenti; 6. fatturato; 7. supera; 8. innovative.
E12b - "core business".
E13 -

E14 - 1/g; 2/c; 3/d; 4/e; 5/h; 6/a; 7/f; 8/b.

Alma Edizioni
Italiano per stranieri

Corsi di lingua

Espresso 1
corso di italiano - livello principiante
- *libro dello studente ed esercizi*
- *guida per l'insegnante*
- *cd audio*

Espresso 2
corso di italiano - livello intermedio
- *libro dello studente ed esercizi*
- *guida per l'insegnante*
- *cd audio*

Espresso 3
corso di italiano - livello avanzato
- *libro dello studente ed esercizi*
- *guida per l'insegnante*
- *cd audio*

Grammatiche ed eserciziari

Grammatica pratica della lingua italiana
esercizi, test, giochi sulla grammatica italiana

Italian grammar in practice
esercizi, test, giochi sulla grammatica italiana *(versione per anglofoni)*

I pronomi italiani
grammatica, esercizi, giochi sui pronomi italiani

Le preposizioni italiane
grammatica, esercizi, giochi sulle preposizioni italiane

Le parole italiane
esercizi e giochi per imparare il lessico

Verbissimo
le coniugazioni di tutti i verbi italiani

Grammatica italiana
grammatica essenziale con regole ed esempi d'uso

Alma Edizioni
Italiano per stranieri

Ascoltare, leggere, parlare, scrivere

Canta che ti passa
unità didattiche su 15 canzoni italiane d'autore, per imparare l'italiano con le canzoni
- *libro*
- *cd audio con le 15 canzoni originali*

Bar Italia
articoli sulla vita italiana con attività per leggere, parlare, scrivere

Giocare con la letteratura
18 unità didattiche su scrittori italiani del '900

Ricette per parlare
attività e giochi per la produzione orale

Letture in gioco
attività e giochi per leggere in italiano

Cinema italiano - collana di film brevi sottotitolati

No mamma no - La grande occasione (1° livello)
- *libro di attività*
- *videocassetta con due cortometraggi d'autore sottotitolati*

Colpo di testa - La cura (2° livello)
- *libro di attività*
- *videocassetta con due cortometraggi d'autore sottotitolati*

Camera obscura – Doom (3° livello)
- *libro di attività*
- *videocassetta con due cortometraggi d'autore sottotitolati*

Giochi

Parole crociate 1° livello
cruciverba e giochi per imparare il lessico e la grammatica

Parole crociate 2° livello
cruciverba e giochi per imparare il lessico e la grammatica

Parole crociate 3° livello
cruciverba e giochi per imparare il lessico e la grammatica

Alma Edizioni
Italiano per stranieri

Letture facili - collana di racconti originali con audiocassetta

1° livello - 500 parole

Dov'è Yukio?
Radio Lina
Il signor Rigoni
Pasta per due

2° livello - 1000 parole

Fantasmi
Maschere a Venezia
Amore in paradiso
La partita

3° livello - 1500 parole

Mafia, amore & polizia
Modelle, pistole e mozzarelle
L'ultimo Caravaggio

4° livello - 2000 parole

Mediterranea
Opera!
Piccole storie d'amore

5° livello - 2500 parole

Dolce vita
Un'altra vita

Italiano per specialisti

Italiano per giuristi
Italiano per economisti
Italiano per medici

Alma Edizioni
Italiano per stranieri

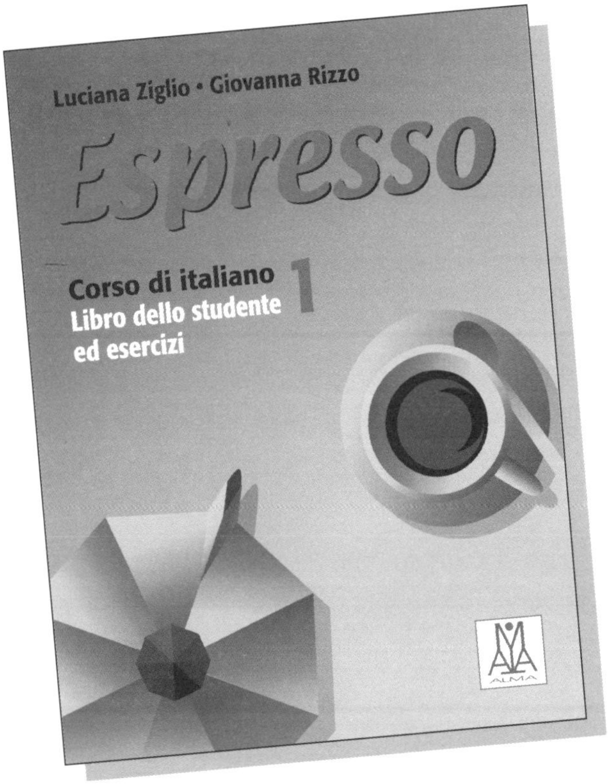

Espresso è un corso di lingua italiana per stranieri diviso in tre livelli, dal principiante all'avanzato.

Basato su principi metodologici moderni e innovativi, permette allo studente di comunicare subito con facilità e sicurezza nelle situazioni reali.

Espresso propone attività altamente motivanti, centrate sull'autenticità delle situazioni, sulla varietà e sull'interazione nella classe. Allo stesso tempo non trascura lo studio delle regole né la sistematizzazione e il rinforzo dei concetti appresi.

La **Grammatica pratica della lingua italiana** permette di esercitare la grammatica in modo completo ed efficace.

Presenta centinaia di esercizi, quiz, giochi, schede grammaticali chiare ed essenziali e degli utili test a punti che aiutano lo studente a verificare il livello di conoscenza della lingua.

Adatto a tutti gli studenti dal principiante all'avanzato.